2020 年兵团社科基金一般项目 20Y

新时代高校体育
教学模式改革与教师人才培养路径探索

贾建康　宋效琦　蔡浩刚——著

中国书籍出版社
China Book Press

图书在版编目（CIP）数据

新时代高校体育教学模式改革与教师人才培养路径探
索 / 贾建康，宋效琦，蔡浩刚著 . -- 北京：中国书籍
出版社，2022.3

ISBN 978-7-5068-8914-8

Ⅰ．①新… Ⅱ．①贾… ②宋… ③蔡… Ⅲ．①体育教
学—教学改革—高等学校②高等学校—体育教师—人才培
养—研究 Ⅳ．① G807.4

中国版本图书馆 CIP 数据核字（2022）第 020238 号

新时代高校体育教学模式改革与教师人才培养路径探索

贾建康　宋效琦　蔡浩刚　著

责任编辑	吴化强
装帧设计	李文文
责任印制	孙马飞　马　芝
出版发行	中国书籍出版社
地　　址	北京市丰台区三路居路 97 号（邮编：100073）
电　　话	（010）52257143（总编室）（010）52257140（发行部）
电子邮箱	eo@chinabp.com.cn
经　　销	全国新华书店
印　　刷	天津和萱印刷有限公司
开　　本	710 毫米 ×1000 毫米　1/ 16
字　　数	224 千字
印　　张	12.5
版　　次	2023 年 3 月第 1 版
印　　次	2023 年 3 月第 1 次印刷
书　　号	ISBN 978-7-5068-8914-8
定　　价	72.00 元

作者简介

贾建康 男，1981 年生，河南商丘人。副教授，研究生学历，2015 年毕业于郑州大学，2004 年就职于商丘师范学院，2016 年就职于石河子大学体育学院至今。研究方向：民族传统体育，青少年体质促进。

宋效琦 女，1982 年生，天津西青区杨柳青人，研究生学历，2012 年毕业于上海体育学院。2005 年就职于石河子大学体育学院至今，讲师，研究方向：体育教育、民族传统体育、竞赛组织管理。

蔡浩刚 男，1981 年生，陕西宝鸡人，现任商丘师范学院体育学院副院长，负责教学工作，讲师，研究生学历，毕业于西安体育学院。自 2004 年任教以来。长期从事学校体育教学管理与研究工作。研究方向：学校体育管理。

前　言

当前，进一步深入发展高校体育教学是实现中华民族伟大复兴与建设中国体育强国的重要内容，是高校培养身心发展健康且具有良好社会适应能力的优秀人才和合格社会建设者的有效途径，这要求当前高校致力于教育改革和创新，树立科学的体育教学理念，从体育教学内容、方法、模式、课堂拓展等多个层面深化体育教学改革，促进高校体育教学发展。

深入实施人才强国战略是时代发展的要求，也是实现中国梦的重要途径。人才强国有利于增强我国的综合国力，综合国力竞争在根本上就是人才的竞争，在人才竞争中，人才培养的重要性不言而喻。加快我国体育教育教学方面的改革，提高我国体育教师人才水平是当前的一项重要任务。

本书从当前高校体育教学模式改革的角度，探寻体育教育专业人才培养的新模式；通过对体育教学的理论和方法研究，提出体育教学的改革和创新模式探讨；结合体育教育专业融合创新创业教育面临巨大的挑战和目前创新创业教育在教育体系中还有所欠缺的现状，对新时代高校体育教师人才培养进行进一步的研究。基于此，本书通过新时代高校体育教学模式改革与教师人才培养路径探索，旨在促使我国高校体育教学改革持续推进。

本书共分为五个章节，第一章从体育教学的概念、体育教学的特点、体育教学的功能、体育教学的发展历程等方面介绍了体育教育教学理论；第二章是高校体育教学方法，主要介绍了体育教学方法概述、高校体育教学现状分析和高校体育教学方法的创新路径；第三章从高校体育教学内容的革新发展、高校体育教学改革面临的问题、高校体育教学创新问题的思考、高校体育教学改革发展策略方面，讲述了新时代高校体育教学的改革；第四章主要论述了新时代高校体育教学模式创新，内容包括翻转课堂教学模式、"微课"教学模式、俱乐部教学模式和混合式教学模式等诸多新型课堂教学模式，体现了新时代高校课堂作出的改变；

第五章是新时代高校体育教师人才培养，主要介绍了高校体育教师人才培养的必要性、高校体育教师人才培养的困境、高校体育教师人才培养的路径，通过分析旨在为体育教师人才的发展提供新的方向。

在撰写本书的过程中，作者得到了许多专家学者的帮助和指导，参考了大量学术文献，在此表示真诚的感谢。本书内容系统全面，论述条理清晰、深入浅出，但由于作者水平有限，书中难免会有疏漏之处，希望广大同行及时指正。

作者

2021 年 11 月

目　录

第一章　体育教育教学理论

　　理论指导实践，科学的理论对实践有重要的指导作用。本章主要从体育教学的概念、体育教学的特点、体育教学的功能和体育教学的发展历程四方面来介绍体育教育教学理论。

第一节　体育教学的概念

一、体育教学

（一）体育课程

　　这里的体育课程是指大学体育课程，是大学必修课程之一，学习中可选修各体育项目作为学习课程，课程学完且合格给予学分。大学公共体育教学课程是高等教育课程设置的一门重要课程，按照系统的体育教学内容提升大学生体质健康，培养大学生热爱体育锻炼的习惯、养成大学生终身体育观念等任务，同时，大学体育课程还是完成立德树人根本任务的重要载体。根据教育部颁布的《全国普通高等学校体育课程教学指导纲要》，大学公共体育课程是指大学生以身体练习为主要手段，通过合理的体育教学和科学的体育锻炼过程，达到增强体质、增进健康和提高体育素养为主要目标的公共必修课程，是学校课程体系的重要组成部分，是高等学校体育工作的中心环节。

（二）体育教学

美国学者塞勒认为，体育课程犹如一张已经设计好的图纸，而体育教学则是施工人员按照这张设计好的图纸来进行施工。体育教学是由学生和教师共同参与并进行有计划、有目的和有组织的教育过程，在此过程中，教师不仅向学生传授基本的体育知识、技术，使学生形成一定的运动技能，并且在增强其体质的基础上，培养学生的道德、意志品质。

体育教学目标可以说是体育课程的子目标，或者亚目标，是在体育教学实践中对教学结果的预计与教学计划实施的标准。因而在教学目标中必须说明目标内容和对教学中所产生的结果有一个详细的预判。在体育教学目标中，包含认知目标、技能目标、情感目标，其中情感目标中强调学生在学习过程中学会合作、评价、团结、竞争等精神品质，并且培养学生吃苦耐劳、顽强拼搏的意志品质和团结协作的集体主义精神，提高学生适应社会的能力，从而促使学生全面发展。体育教学在内容上是以体育教学目标为指导，结合学生的主体需求与教学条件而教授的体育有关知识与技能。教学组织的形式是指在体育教学过程中结合学生学情，为完成课堂任务的实施而确定的一种基本活动形式。丰富多彩的教学组织形式会调动课堂气氛，提高学生学习的兴趣。体育教学评价是在体育教学目标和教学原则相结合的情况下，对教学过程中教师"教"与学生"学"的结果进行价值判断和量评工作。对于教学评价的标准，分为标准性检测与非标准性检测。标准性检测有着明确的、科学的评判标准。学生心理健康的评价、学生进步幅度的评价、学生社会适应等方面的评价均属于非标准性检测，并且非标准性检测没有明确的评判标准，只能依靠教师灵活掌握。所以，可以看出，体育课程是目的，也是内容，而体育教学则是手段和途径。

（三）体育课程教学指导思想

在当前，"健康第一"被作为学校体育教育的指导思想，这一思想是针对1978年高考制度恢复后，学校教育只重视升学情况，只抓学生的成绩，不注重学生身体与心理健康的协调发展而导致学生体弱多病、道德素质低下等情况而提出来的。1950年毛泽东同志提出了"健康第一，学习第二"的指导思想。在1999年国务院《关于深化教育改革全面推进素质教育的决定》再次提出：加强"健康第一"指导思想在学校教育中的落实，加强学生对基本运动技能的学习，使学生正确掌握运动技能，并形成热爱运动的好习惯。学生有了健康的身体状态才能更好地为社会和国家服务，健康的身体是推动国家发展的基石。"健康第一"的指导思想分别从身体健康、道德健康、心理健康与社会健康等方面来促进学生的全面发展，也是对健康定义的丰富和补充。对于"健康"这一概念，在1989年世界卫生组织定义为：身体、心理、社会适应和道德方面的完好状态。身体健康指身体发育良好无疾病，并且具有较强的活动能力与维持健康状态的能力。心理健康不仅指心理没有疾病，并且身体、情感、智力等方面不与他人矛盾。社会适应良好则指与家人、朋友、同事之间相处融洽，并能积极参与其他社会活动。道德健康指应遵守一切发展规律，养成良好的道德行为习惯，从爱自己到他人，再到热爱自己的祖国。《全国普通高等学校体育课程教学指导纲要》中提出，在体育教学中应促进学生身心和谐发展、思想品德教育，从而促进学生全面发展。2014年教育部发布的《高等学校体育工作基本标准》中强调学校体育教学在使学生掌握基本技术技能的同时，要培养学生养成良好的锻炼习惯。并且要充分挖掘学校体育在学生道德教育、智力发展、身心健康、审美素养和健康生活方式中的多元育人功能，从而使学生德智体美全面发展。在2016年国务院办公厅《关于强化学校体育促进学生身心健康全面发展的意见》中指出，要全面贯彻落实党的十八大、十八届三中、四中、五中全会和习近平总书记系列重要讲话精神。全面提升体育教育质量，健全学生人格品质，切实发挥体育在培育和践行社会主义核心价值观、推进素质教育中的综合作用，培养德智体美全面发展的社会主义建设者和接班人。2018年习总书记对学校体育提出了新的目标。新目标强调"要树立健康第一的教育理念，开齐开足体育课，使学生在教学过程中享受快乐的同时，身体素质得到锻炼，培养学生健全人格和意志品质"。在2019年9月《国务院办公厅关于印发体育强国建设纲要的通知》中，"重大工程三"明确指出，青少年需掌握两项以上的运动技能，构建青少年社会组织管理，从而促进学生们课外和户外体育活动的发展。在学校体育内容上强调提高青少年的身体素养和养成健康的生活方式，并且将学生的体质健康纳入学校的考核体系。可以看出，"健康第一"的指导思想不仅仅是对体育这一科目而提出，更是针对改善学校教育的现状而提出。但体育教育作为学校教育的重要组成部分，应以"健康第一"为指导思想。力求在体育教学中做到以学生身体健康为基准，注重学生身体、心理、社会适应、道德素质等全面发展，并培养学生自主锻炼和带动身边人一起锻炼的意识，并使学生养成自主锻炼的习惯。

（四）体育教学论

体育教学论是对体育教学现象和体育教学规律进行研究的科学，现代体育教学的各种现象及现象背后隐藏的规律，是现代体育教学论的主要研究内容。

体育教学论是理论与实践并存的科学，因此可以将其划分为两个部分，即体育理论教学论和体育应用教学论，其中体育理论教学论又有自己的分类。

如图 1-1-1 所示，直观地反映了现代体育教学论的结构体系。

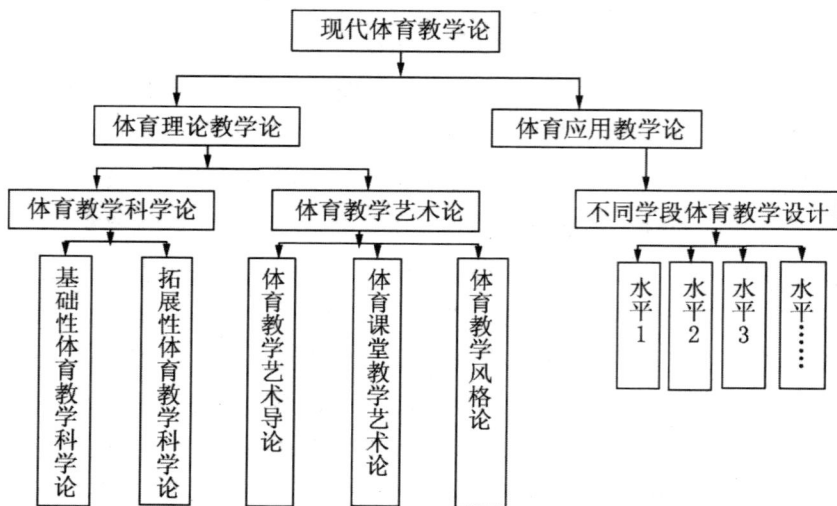

图 1-1-1　现代体育教学论的结构体系

二、高校体育教学

（一）高校体育教学的构成要素

高校体育教学的构成要素是指体育教学的结构要素与过程要素，具体分析如下。

1.高校体育教学的结构要素

对体育教学具有影响的各种要素及各要素的相互关系就是体育教学的结构。体育教材、体育教法、体育教师、学生等都是体育教学的基本结构要素。

概括而言，体育教学包括以下三个方面的结构要素。

（1）参与者

参与者是体育教学的重要因素之一，主要指体育教师和体育教学中的学生。

体育教学的参与者要素中，体育教师是外部主导，主要职能体现为对体育教学进行计划、组织、管理、监控等。体育教师的专业素质直接影响其职能的发挥和体育教学效果，因此要求体育教师有良好的敬业精神、业务能力等。

在体育教学中，体育教师的主要施教对象是学生，这是体育教学的另一个重要主体。体育教师向学生传授体育知识与技能，但学生不能只是简单、被动地接受，必须在教师的指导下积极主动地参与学习，发挥自己的聪明才智，从而取得良好的学习效果。因此，从广义上而言，在体育教学中，学生是一个主要制约因素和重要调控因素。在教学过程中，学生作为受教育者和施教对象，是一个群体，很多方面存在共性，但因为各方面因素的影响，学生之间的个体差异也很明显。学生能否能动地参与体育学习，对教学质量好坏有决定性影响。而针对学生的特点和差异，因材施教，调动学生的学习兴趣与热情又是体育教师的一个主要职责。

（2）施加因素

体育教学要满足社会对学生的要求，这主要体现在体育教学任务、教学内容、教学大纲与教学计划等要素中，这些要素在体育教学的结构因素中，属于外部施加因素。连接体育的教与学是这类要素的主要作用。

体育教学过程是由体育教学任务、内容和计划等要素规定的，并以这些要素为依据组织与实施教学。体育教学任务和体育教学内容的价值均体现在两个方面，即显性和隐性，将这两类价值的关系处理好，可促进学生健康和谐发展。

（3）媒介因素

体育教学是在一定时空条件下对相关信息有序进行传递的过程。媒介是传递信息的必备条件，具有针对性、可控性、安全性、抗干扰性及实用性等特征。在体育教学中，要想顺利传递信息，必须具备场地器材、环境设备、组织教法等重要媒介。在这些媒介中，场地器材和环境设备是体育教学的基本物质条件，组织教法的作用主要体现在将学生、教材和物质媒介串联起来，对教学过程进行调控。体育教学质量能否得到保证，一定程度上要看是否具备高质量、现代化的媒介条件。

在高校体育教学过程中，这三大要素是动态结合、不断变化的，其中最为重要的是教师的主导作用。体育教师应掌握并熟练运用各种教学艺术，将学生的学习积极性充分调动起来，将各种要素调控好，从而提高教学质量，顺利完成教学任务。

高校体育教学的结构要素如表 1-1-1 所示。

表 1-1-1　高校体育教学的结构要素

结构要素	具体要素
参与者	体育教师
	学生
施加因素	教学任务
	教学内容
	教学大纲
	教学计划
媒介因素	场地器材
	环境设备
	组织教法

2.高校体育教学的过程要素

高校体育教学的过程要素具体包括以下几个方面。

（1）体育教学目标

通过体育教学要达到的结果就是体育教学目标。体育教学的价值取向主要体现在体育教学目标中。只有确定了体育教学目标，体育教学才会有明确的方向，体育教学的出发点和最终归宿也才能确定下来。

而且，在体育教学评价中，体育教学目标是一个非常重要的定向参考因素，如果没有确定教学目标，体育教学就会漫无目的，盲目开展，体育教师也无法掌控教学过程。

（2）体育教学内容

在体育教学中，体育教师给学生传授的体育与健康知识、技能和方法等都是体育教学内容。体育教学目标能否达成，体育教学质量能否提高，直接受体育教学内容影响。只有科学选择体育教学内容，并有效实施，才能使体育教学过程更加顺利，才有可能完成体育教学目标，并使体育教学质量得到提高。

体育教学如果没有教学内容，就不能称为体育教学，而是体育锻炼，这时体育就不是一个学科了，而是一项活动，而且比较空洞。因此选编和运用体育教学内容非常重要，在开展这一项工作时，要对学生需要、社会要求、学科体系进行充分考虑。

（3）体育教学策略

体育教师以体育教学目标和学生的具体情况为依据而选择的有效教学技术和手段就是所谓体育教学策略。此外，有助于学生理解教学内容的各种信息及信息的传递方式也属于教学策略的范畴。

体育教学策略与体育教学目标、体育教师、学生等因素密切相关，这一要素对体育教学工作的成败和效率的高低有直接影响，所以为更好地开展体育教学，完成教学任务，需要对体育教学方法、组织形式和手段进行科学选用。

（4）体育教学评价

依据体育教学目标制定标准，运用有效评价技术手段测定与衡量、分析与比较体育教学活动过程及其结果，并进行价值判断的过程就是体育教学评价。促进体育教学质量的提高和学生的全面发展是体育教学评价的主要目的。

作为体育教学的一个重要因素，体育教学评价与教学目标、教师等因素的关系非常密切，一般体育教学评价指标由教师根据教学目标制定。

（二）高校体育教学的原理

高校体育教学的主体内容是体育运动项目，因此在高校体育教学内容设计中，必须重视不同项目的教学，并在具体项目教学原理中融入运动兴趣与情感体验，从而通过科学的教学原理，更好地解释学生在运动技能形成与发展过程中的不懈追求、个体本能、生物价值观与社会文化价值观的融合。

高校体育教学原理既有理论层面的原理，又有实践操作层面的原理，高校体育教学原理具体如表 1-1-2 所示。

表 1-1-2 高校体育教学原理

体育教学原理	原理内容
理论层面	兴趣、情感、习惯、观念链式循环原理
	自在趣味性强化原理
	非自在动作规范强化原理
实践操作层面	自然追求与技术理性相结合原理
	练习与强化相依关系原理
	练习的适宜难度负荷原理

实践操作层面的练习与强化相依关系原理的机制与作用如图 1-1-2 所示。依据这一原理设计运动技术的练习，可促进体育教学与训练效益的提高。

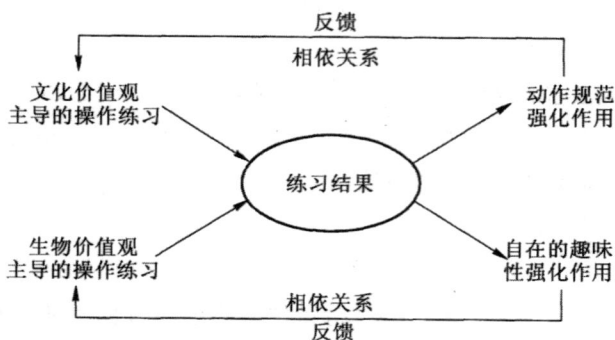

图 1-1-2　实践操作层面的练习与强化相依关系原理的机制与作用

不管是理论层面的教学原理，还是实践操作层面的教学原理，它们都是在运动项目进化的价值观以及科学与和谐法则的基础上发挥作用的，运动项目进化的价值观如图 1-1-3 所示。

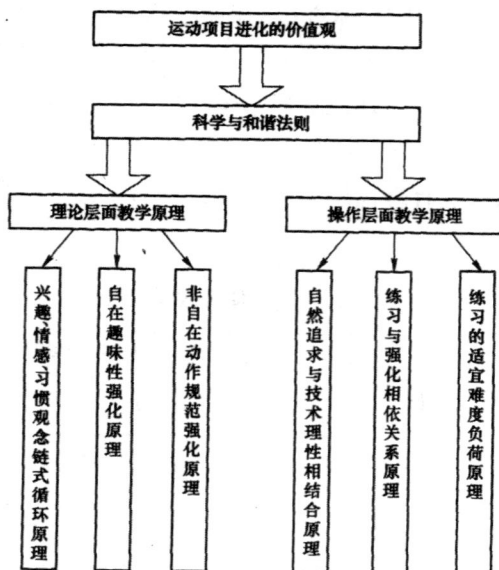

图 1-1-3　运动项目进化的价值观

三、体育教学的基本原则

体育教学原则是指在体育教学过程中，必须要遵守的规则与要求，它是通过长期的实践教学所形成的总结性经验，是对体育教学规律的一种认知和把握。在教学中只有遵循规律性原则，才能使教学活动有序进行。

（一）专项教学原则

1.基本依据

体育教学项目广泛，内容繁多，其内容或项目并不一定适用于所有学生的身心发展需求，因此，教师在开展体育教学时，应当根据学生的身心发展特点，有针对性、有选择性地开展体育教学活动，使学生的基本身体素质得到提高的同时，运动专项能力和运动水平也得到大幅度提升。

2.基本要求

体育教学的基本要求，是指在培养学生基本的体育动作时，还要优先发展学生的其他运动能力，如平衡力、知觉灵敏度、协调度、身体感知等。以足球为例，其场地和器材是运动过程中进行感知训练的重要环节，其中脚对球的力度控制是足球教学中的关键环节，因此，足球的发球和射门即可以作为足球运动中优先培养的能力。

（二）因材施教原则

1.基本依据

因材施教是指根据学生个体之间的共性以及差异性进行有针对性的教育。共性是指相同年龄阶段，学生在身心发育上所表现出的普遍性和稳定性；差异性是指学生在性别、生长环境、教育水平、知识基础等方面的差距和分别。教师在进行教学选材时，若不考虑学生的个体差异，将不利于部分学生的身心发展。

2.基本要求

（1）引导学生正确认识自己与他人的差异

在这个世界上，没有完全相同的两片树叶，同样，也没有完全相同的两个人，每个人的优势和天赋都各有不同。在体育教学过程中，教师要想正确引导学生认识自己与他人的差异，首先必须要仔细了解学生的个体差异，这样才能帮助学生分析差异存在的客观原因，从而引导学生正确去面对它、接受它、改变它。

（2）深入细致地研究和了解学生之间的差异

要细致了解和研究学生的差异性，可以通过多种方式实现，如一对一谈心、座谈交流、问卷调查等，弄清楚学生差异主要表现在哪些方面。是身形体态方面，还是兴趣爱好方面；是学习基础方面，还是学习态度方面等。由于学生本身就是一个不断变化发展的个体，所以，即便是前期收集过有关于学生差异化的原因，在后期仍需要不定期地对学生的发展情况进行了解，通过动态性的调查以达成对学生的深入了解。

（3）重视学生个体差异性与统一要求的结合

在体育教学中，教师应当重视每一个学生的身心发展，不抛弃、不放弃任何一个学生。因此，教师在制定教学目标时，应当尽量满足学生们的个体需求，努力实现既能完成整体教学任务，又能与学生的差异化进行结合。比如在进行跳高运动时，对于身材较为矮小的学生可以适当地降低标准，使学生获得良好的运动体验，依次顺利达成教学目标。

（三）合理安排运动负荷原则

1.基本依据

（1）人体发展的基本规律

人体的成长和发展有一定的规律可循，如肌肉的自然增长发育顺序为：核心肌群先于四肢肌群，上肢肌群先于下肢肌群，屈肌先于伸肌。基于人体发展基本规律，教师在进行体育活动安排时，其运动项目的安排务必要符合青少年身体的基本发展规律，只有这样才能使学生有效完成课堂任务。

（2）不同学生生长发育的特殊性

体育运动的安排应当符合青少年学生身心发展的特殊性，如在同一个年龄段和同一个班级中，有的学生身体强壮高大，而有的学生由于发育迟缓，身体就较为矮小。所以教师在进行体育活动安排时，应当合理安排不同运动项目的负荷量，避免学生因超负荷锻炼而造成身体损伤。

2.基本要求

（1）运动负荷的安排要服从体育教学目标

体育教学目标作为体育教学活动的指南，不仅在于提高身体素质和运动技能，或在某一运动竞赛中取胜，还注重加强学生身体与心理素质的同步提升，因此，具体的运动负荷安排必须要依从体育教学的目标，应当努力实现学生的全面发展。

（2）运动负荷的安排要服从学生的身体需求

体育教学活动的安排服务于学生的身体发展，因此，体育教学的运动负荷安排一定要以学生的身体需求为基准，根据学生的不同身体状况以及生理、心理方面的差异，在保证学生身体健康发展的前提下，作出无伤害性的体育运动负荷安排。

（3）运动负荷的安排要充分考虑学生之间共性与个性关系

学生之间的共性包含了许多方面，如相同的年龄、性别、身高等，其整体上大部分相似。个性是指在共性基础上的个体特性，如相同性别、年龄、身高的学生，若其中的个别学生出现病症或伤痛，教师就应当对这类学生在运动负荷方面酌情降低标准、减少要求。

（4）体育教学中应重视合理休息

不管是运动过程中还是运动结束后，教师都需要为学生安排适当的休息时间，以帮助学生缓解身心疲劳，为之后高强度的体育运动做好铺垫，以达到理想的体育锻炼效果。

（四）全面发展原则

体育教学除了需要提高学生"身"与"心"的健康发展程度外，还要贯彻全面发展的教学原则，在教学过程中注重美感、智力、反应能力、思维能力、意志品格等多方面的培养，使学生成为综合素质强的人才，使其能够在人才竞争激烈的社会中拔得头筹，成为社会主义现代化建设需要的人才。

1.基本依据

（1）社会主义体育教学目的的需要

我国社会主义的本质是解放生产力，发展生产力，消除两极分化，最终达到共同富裕。这一本质也决定我国高校体育教学的最终目的，即在体育教学过程中，教师应注重学生的全面发展，使其能够更好地为社会主义发展服务。

（2）实现体育教学基本功能的需要

体育教学的基本功能涵盖了多个方面，如健身功能、健心功能、休闲娱乐功能、美育功能、养生功能、促进人际交往功能等。这些基本功能都适应于体育教学的全面发展原则。

（3）学生发展的需要

当今社会高速发展，人才竞争日益激烈，科技日新月异，为了能够适应以后的社会生活和职业竞争，学生在拥有良好身体素质的同时，还需要在心理、意志品格、思想等多个方面同步提升自己，使自己能够在社会的高速发展中不断前进，跟上时代的发展步伐。

2.基本要求

（1）体育教学必须以教学大纲或课程标准为教学的根本目标和要求，将其中的核心精神全面贯彻到体育教学过程中。

（2）体育教师的教学价值观念应当与时俱进，不能一直承袭传统的教育价值观。现代体育教学价值观念不仅需要有一定的生物学价值，还要具有一定的心理学价值、社会学价值和美学价值。

（3）教师在制定教学计划和策略时，应当注意给学生适当的自我练习时间和休息时间。

（4）在体育教学的各个环节，不管是课前准备、课堂实施、复习还是课后评价，都需要时刻以学生的全面发展为前提。

（五）巩固提高原则

1.基本依据

根据德国著名心理学家艾宾浩斯所总结的遗忘规律，人们的记忆力再好，遗忘也是不可避免的。又根据条件反射的消退理论，当条件反射建立后，如果只反复给予条件刺激，不再用非条件刺激强化，经过一段时间后，条件反射效应会逐渐减弱，甚至消失。所以，学生在学习运动技能后，还需要通过反复的练习进行巩固加深，否则，即便是当下所表现出的运动技能再好，若不加以巩固的话，其技能也会随着时间的推移而慢慢消失。

2.基本要求

（1）教师在制定教学计划时，应基于学生实际情况加强和提高训练强度。要注意的是，在加强练习的过程中，教师要时刻提醒学生避免过度疲劳。

（2）在完成既定的学习目标后，可以不断地提出新的学习目标，从而培养学生的体育兴趣和积极性。

（3）为了进一步巩固课堂知识，教师可以给学生布置适量的课外体育作业或家庭体育作业。

（4）可以对运动动作进行分解练习，引导学生对分解出的单个动作进行反复练习，同时增加练习密度，最后实现整体上的提高。

（5）改变教学方式方法或改善练习条件，也可以帮助学生达到巩固提高的目的。

（六）终身体育原则

1.基本依据

坚持终身体育原则，即在终身体育的指导下，使体育教学更加全面、系统，更能够为学生的成长和发展提供帮助。终身体育原则与人才培养、国家建设有着密切的关系。

2.基本要求

（1）基于学生现有基础和兴趣爱好，引导和加强学生对体育的理性认知，使学生的体育意识不只是停留在表面的兴趣上，而对体育的目的、意义、作用、功能等方面有一个全面的理解，做到在体育学习活动中充分发挥主观能动性，进而养成体育锻炼的良好习惯，形成终身体育意识。

（2）在体育教学过程中，除了要注重学生在每堂课学习后所呈现出的教学成果，还需要以可持续发展的目光关注学生的长期受益，将短期效益与长期效益相结合，从而完成体育教学的整体目标。

第二节 体育教学的特点

一、增强学生体质

大学生进行体育学习，主要是为了锻炼身体，增强体质，从而为更好地建设祖国贡献自己的力量。在体育教学内容中，丰富多样的运动项目是大学生锻炼身体的主要手段。可见，体育技术是大学生的主要学习内容，也是体育教师的主要教学内容。大学生在反复的学习与练习中，将所学技术转化为技能，从而能够自己通过合理有效的方法来锻炼身体。此外，体育科学知识也是大学生需要掌握的体育教学内容，目的是对身体锻炼提供科学指导。体育技术和体育知识是高校体育教学的主要内容，一般在高校体育课程设置中，体育技术内容所占的比例要比体育理论知识所占的比例大。这是体育教学与文化课程教学在内容设置上的主要区别，文化课程以文化知识为主要教学内容，学生对这些文化知识的掌握有利于更好地从事生产实践，更好地在社会实践中发挥自己的能力；而体育课教学以技术和技能内容为主，这有利于促进大学生身体健康成长。

二、以肌体参与活动和教学组织的多样化为特征

在文化课教学中，学生主要通过思维活动对教学内容加以掌握，而体育课教学与文化课教学的不同在于，学生除了要动脑外，还要亲身参与活动，即除了思维活动外，还有肌体活动。在肌体活动中，通过肌肉感觉，向中枢系统传递信息，经过大脑的分析与综合，从而在理性上认识体育技术、技能。大学生如果缺少必要的肌体活动，是无法对体育教学内容加以掌握的，尤其不可能掌握技术技能类的教学内容。

大学生在体育活动过程中，肌体反复受各种条件刺激，从而建立起条件反射，对体育技术加以掌握。在这个过程中，学生不但能够学习体育技术，而且能够锻炼身体，增强体质，提高健康水平。在高校体育教学中，大学生不可避免地要做一些身体活动，这有利于其身体、心理的发育和成长，有利于其保持充沛的精力。

体育教学以集体教学为主，但因为学生性别、性格、身体素质、活动能力等

方面的差异，再加上体育教学容易受客观环境的影响，所以组织形式必须多样化，从而满足不同学生的需求，适应不同学生的特点，进而提高教学效率。

在高校体育教学中，体育教师要善于运用社会学、教育学、生理学、心理学等多学科知识来对体育课进行精心地组织，从而使体育教学过程与教学规律的要求相符。

三、显示其教育功能

体育运动有自己独有的特征，体育教学就是通过这些独特性对学生产生积极作用的，具体分析如下。

第一，竞赛性是体育运动的一个特点，正因为这个特点，体育教学才能够对大学生的竞争意识与竞争精神进行培养。

第二，体育具有规则性，因此能够培养大学生诚实守纪的品质。

第三，体育运动要求参与者克服自身生理负荷，并勇敢面对客观条件的阻力，因此有助于对大学生勇于拼搏的意志品质与吃苦耐劳的精神进行培养。

第四，体育活动具有群体性，能够对大学生的交际能力与协作能力进行培养，同时能够引导大学生树立良好的集体主义精神与爱国主义精神。

总之，当代社会的发展要求大学生具备良好的意志品质和思想品德，体育教学在这方面的作用是举足轻重的。

第三节 体育教学的功能

体育作为教育学科中的一个重要内容，除了具备与其他学科同样的教学功能外，还具备其他学科所没有的独特功能。总的来说，体育教学的功能主要体现在健身、健心、知识传播、技能发展、文化传承、美育等几大方面。

一、健身功能

健身功能是体育教学最为基础的一项功能，它体现了体育的本质属性。对于高校体育教学来说，在经过漫长的实践与改革后，其课程规划、教学大纲设计、教材内容的选择、课时的安排、教学组织的实施等已经逐步科学化、合理化。具体来说，体育教学的健身功能主要体现在以下几点。

（一）促进学生生长发育

身体是体育教学活动最直接的载体和受益方，体育教学能够有效促进学生的生长发育。大学生正处于生长发育的黄金时期，经常参加体育锻炼的学生，其身体素质通常明显高于没有经常进行体育锻炼的学生。经常参加体育锻炼可以有效地促进学生的生长发育，提高学生的健康水平。

（二）提高身体机能水平

体育锻炼可以明显改善人体的各项身体机能水平，如加快新陈代谢、促进骨骼发育、增强心肺功能、增加肺活量、增加肌肉体积、改善血液循环、提高免疫功能等。身体机能水平得到提高，学生的抗病能力和环境适应能力也会得到相应提高和改善。

（三）全面发展身体体能

体能主要是指人体的力量、速度、耐力、协调、柔韧、平衡、灵敏等运动素质能力。身体体能一部分来自先天，另一部分来自个体长期以来所进行的体育锻炼和其他活动。体育教学能够有效增强学生各方面素质能力，全面发展身体体能，有效提高运动能力。

二、健心功能

体育运动作为促进心理健康发展的有力途径，其功能价值主要表现在以下几个方面。

（一）愉悦心情，减轻心理压力

有关科学研究表明，一定的体育运动会刺激大脑内啡肽的分泌，从而间接影响人的情绪，因此也有人称内啡肽为"快乐激素"。体育运动刺激"快乐激素"分泌，能够使人感到轻松愉悦，有效缓解和排遣学习或生活压力。高校体育教学注重发挥健心功能，不仅能够排解学生在学习上的紧张、焦虑、不安、抑郁等不良情绪，更有助于让学生建立良好的心理状态，让他们能在复杂多变的环境中始终保持良好的心理状态。

（二）提高自我效能感

自我效能是指一个人对自己所完成的学习任务或工作能力的主观评估，简而言之也就是人们能否运用自身能力去完成某项任务的自信程度。在体育运动中，学生必须要从心理上和生理上克服困难、磨炼自己，让自己不退缩、不胆怯、不害怕，在体育运动中获得成功的体验感和肯定感，在心理上能够获得一定程度的认知，从而有效提升自我效能感。

（三）锻炼意志品德

在体育锻炼中，学生必须完成一定负荷量的动作或技能练习，且需要长期坚持和循环练习，而这一过程能够有效培养和提升学生的意志力。此外，体育运动及体育竞赛的相关规则和秩序，也有助于学生养成严格遵守纪律的良好习惯，这种规则感和秩序感一旦形成并固化为习惯和意志品德，就会有益于学生之后的工作和生活。

（四）促进人际关系

大多体育运动都强调群体性、合作性、对抗性，如羽毛球、乒乓球、篮球、足球、排球等。这些需要沟通、交流和合作的体育运动有利于增进学生之间的人际交流，拓展学生人际交往空间，提升学生的人际交往能力，促进学生的人际关系。此外，当体育运动以集体形式开展时，学生在团体中会更加注重与其他成员的情感联络、协调合作、团结互助等，使自己得到更多人的认可，从而建立良好的人际关系。

三、传播知识

教育是有组织、有计划、有目标的实践活动，它是一种需要教育者将知识、技能、道德、精神、科学等传授给教育对象的行为，是人类文明的绵延与传递。

对于学校教育来说，知识传播就是培养人才、传播知识技能的过程。体育教学的教学对象是学生，它是以身体活动为手段，使学生的身体素质和心理健康得到改善和提升的过程。从"教"与"学"的角度来看，体育教学更多的是一种"身体知识"的传播活动，这种身体知识从人类诞生之初就已存在，并在漫长的发展和变迁中得到传承和突破。早在远古时代，人类通过抓捕猎物维持基本生存时，就已经形成和掌握了走、跑、跳、跃、投、滚等一系列动作，这些动作经过不断演化和改造，逐渐形成了体育运动项目雏形，如蹴鞠、戏车、柔术、水球、赛马等。直至现代社会，体育知识的传播已不仅是指某一具体运动项目的传播，同时还包括技能技巧、心理健康、意志品格等内容的传播，它能够让学生掌握更为全面的体育知识，有效促进学生综合素质能力培养和发展。

四、发展技能

体育技能是指由各种理论知识、技能技巧、身体素质相互组合形成的一种综合技术能力，如一个人的敏锐观察力、迅速反应力、良好记忆力、良好接受能力、灵活协调能力等。

在远古时代，运动技能相当于生存技能，人们必须具备一定的运动技能以维持生存。而在现代体育中，运动技能对人体的要求已经改变，其主要强调的是技能和技巧的提高。研究表明，通过适当的体育运动锻炼不仅能够有效提升身体素质，同时还能有效培养技能技巧。

在高校体育教学中，教师体育教学活动的开展以教学内容为依据，必须结合自身教学经验向学生进行理论知识和技能技巧的传递。其中，技能技巧的提升是其教学的最主要内容，要求教师引导学生在不断的实践过程中长期反复练习并内化知识技能。比如在足球运动的传球技巧教学中，教师可以将传球技巧学习分为短距离传球学练和长距离传球学练两大方面展开练习，甚至可以细致到内脚背、外脚背、正脚背射球技巧学练。与其他学科不同的是，体育教学不仅要使学生对理论知识有着深刻的理解，还需要学生经过持续性、长期性的身体练习，在大脑和身体反应上形成对技术的表象反应，最终形成一种条件反射并能做出正确的动作反应，由此显著提升运动技能技巧。

第四节　体育教学的发展历程

一、我国古代体育教学的发展

（一）"文武分途"

在东周时期，我国社会制度开始由奴隶制向封建制转变，学校教育体制由原来的"学在官府"向"学在四夷"转变，私人讲学、办学之风兴起。学校体育教学内容由奴隶制的"为政尚武"向新兴地主阶级的文武兼学、文武分途转化。

（二）"重文轻武"

发展至秦汉初期，封建社会制度逐渐形成，儒家思想更加受到当权者的重视，学校教育以"六经"为主，重文轻武，偏重德育、智育，体育内容几乎被废除。

西汉时期，汉武帝采纳了董仲舒的建议，实行"罢黜百家，独尊儒术"的文化政策，汉朝尊孔、祀孔蔚成风尚，太学大兴，灌输儒家思想，确立儒家思想为培养和选拔人才的标准，学习儒家经典成为学校的主要教学任务。

汉代学校教育将儒家经典列为官学，以《诗》《书》《易》《礼》《春秋》为主要教学内容，先秦教育中的"乐、射、御"等具有体育性质的内容几乎完全被排除了。汉代"重文轻武"的文化政策奠定了后世学校教育轻视体育的基石。

（三）"文弱风尚"

魏晋南北朝初期开始，社会上大兴"玄学""清谈"之风，教育更加重文轻武，学校体育日趋衰败。南朝时期，统治阶级崇尚道家学术，好玄学，一时之间，文弱之风盛行。在前期政治统治的积累下，统治阶级享受先辈们带来的奢华生活，士族们苟安现状，终日无所事事。《颜氏家训·勉学》中记载：士大夫"射则不能穿札，笔则才记姓名"，贵族子弟"无不熏衣剃面，傅粉施朱"。当时有机会接受教育的统治阶级，一味地追求享乐，不谈体育健身，在这种"乐游宴、好饮酒"的风气影响下，音乐歌舞、围棋、投壶等娱乐性体育盛行，而体育实践则在学校体育中非常少见，尽管有时国学也举行"博射"，但是，这一时期的射箭，已经不是真正的射箭技能练习了，而只是一种学礼形式。

（四）"为政尚武"

北朝时期，统治者常依照周代开展射礼、讲武、军事武艺演习、田猎、马射、相扑等活动，武风较盛。北朝时期，受北方少数民族"为政尚武"的影响，重视发展武力，重视军事训练的发展。各学校中均有军事技能训练，如赵石勒曾令"前将军李寒领司兵勋，教国子击刺战射之法"（汤球《十六国春秋·石勒》）。但需要提出的是，少数民族当权者为了更好地实现对汉族人民的统治，将儒学作为重要的统治思想工具，用于培养政府官吏。此时，儒学在当时学校教育中仍具有一定的地位。

整体上看，在北朝教育中，儒学地位相对降低，诸子地位相对提高，儒道佛兼容合流，各地教育差异大，体育发展不均衡。

（五）"文武分化"

唐宋时期，统治者注重武备，创设武举制，文举和武举分开进行。在统治者思想和相关政策的影响下，社会上大兴习武之风，同时，文武教育分化。

唐朝时期重视文化教育，科举制度得到了极大的发展，同时军事准备也颇受重视。唐太宗曾亲自率领武将练武，而且每年都会检阅军队。武则天首创武举制度。

武举是唐代加强军事的制度之一，和文举一样，用考试的方法来选拔武官。准备考武举的人，从小就锻炼身体，学习武艺，这对冲击重文轻武的教育思想以及增强部分青少年的体质是有益的，成为另一种教育形式。

（六）"文武对立"

宋朝时期，一方面，教育以理学为正统的教育思想，理学（新儒学）取代儒家思想在社会上占据主导地位，更加注重"文治"，学校体育教育发展进一步受限。另一方面，统治阶级出于统治和国防的需要，重视军事教育和军事训练，开始兴办武学。

宋代统治者主张通过"持敬"（即守中、主静）和"格物"而达到"致知""穷理"，教育内容以"四书"为主要教材。学校教育强调"关门闭户，静坐读书"，不关心学生健康状况，这在一定程度上又影响了尚武风气的传播。

因此，宋朝出于政治统治的需要，在学校教育和社会统治中，出现了文武的分化，导致文者轻武，武者轻文，文武对立发展。

（七）"八股取士"

明朝时期，统治者恢复"六艺"教育，增设习武场，鼓励"儒生习武"。但是，随着统治者的不作为和堕落，明朝中后期，科举取士方法使学校教育的"八股文"之风、鄙薄肢体之风盛行。这一时期，学校体育教育基本上被废除殆尽。

（八）"文武并重、文武合一"

清朝初期，统治者建立"文武并重、文武合一"的教育制度，学校体育教育重新得到重视与发展。但随着清王朝的没落，包括体育在内的学校教育制度在清朝末期遭到严重破坏。

纵观我国封建社会的体育教育教学思想的演变过程，可以看出，体育教育思想受统治者思想和政策影响较大。

二、我国近代体育教学思想的演变

（一）清政府的新式学校体育教育

第一次鸦片战争后，西方教会学校通过开展课外体育活动、训练、竞赛介绍西方近代体育，客观上促进了我国近代学校体育的发展。

在内忧外患的社会背景下，为寻求新的救国方案，社会有识之士主张学习西方，创办西式学堂，发起"师夷长技以制夷"的洋务运动，引入西方体育。

19世纪60—90年代，清政府开展自救运动——"洋务运动"。为了强国强种，同时，也为了缓和阶级矛盾，清政府承诺进行改革，推行"新政"。在教育方面，废除了科举制，开办学校。

洋务运动后，资产阶级改良派大力兴办新式学堂，重视学校体育教育。在开设的新式学堂中，引入西方体育活动内容，开设"体操"课程，体操被规定为西式学堂的重要学习课程，并对各级学校的体操课时作出明确规定。在西方的体育教学思想指导下，我国近代学校体育教学实践初见端倪。在中国教育史上，中国学校教育首次出现正式的体育课程和体育活动。

"庚子（1900 年）事变"后，晚清重臣张百熙临危受命，主持制定壬寅学制，这是我国教育史上正式颁布但未实行的第一个学制。1903 年，清政府颁布《奏定学堂章程》，这是我国近代史上第一个由政府颁布实施的比较完整的教育制度，标志着我国结束了两千多年来学校教育中基本没有体育的历史。体育成为学校教育系统的一个重要组成部分，这一时期，体育的教育目的主要是实现"强国强种"，而并非为了促进个人发展。

（二）近代教育家的体育思想观念

我国近代学校体育形成的背景是受列强欺凌、国家发展面临内忧外患。因此，一些有识人士在寻求社会发展变革的过程中，在学校教育思想和实践方面进行了不断探索。

1.严复的体育教育思想

我国近代思想家、教育家严复，提倡西学，反对洋务派"中学为体，西学为用"的观点，严复认为应做到"体用一致""本末一致"，提出"以自由为体，以民主为和"的教育方针，提出了体、智、德三育并重的思想，将体育放在首位，强调体育在学校教育中的重要作用。

2.军国民体育思想

军国民体育教育思想最早诞生在 19 世纪末 20 世纪初，源于日本和德国。随着列强的入侵，这一教育和体育思想传入我国。军国民体育教育思想以挽救民族危亡为理论依据，倡导全民皆兵，强调对青少年开展军事训练，以健身卫国。当时，我国著名教育家、思想家蔡元培先生，也非常重视军事和体育训练。蔡元培视教育为救国的基本途径，一生为教育事业付出，在体育教育方面，强调军事训练的重要性，通过体育教育来实现强国强种，重视体育教育的开展。

从我国近代体育教育的实践发展来看，军国民体育思想在我国并没有得到广泛实施，原因在于其传播较为零散，没有形成一定的理论体系。

1922 年，《壬戌学制》出台，"军国民主义"教育彻底没落。1923 年，北洋政府颁布《课程纲要草案》，改"体操科"为"体育科"，以球类、田径、游泳等为主要体育教学内容，同时，增加了生理卫生和保健知识，体育教学进一步完善。这一时期，体育教育思想开始由"军国民"向促进个体健康发展的方向转变。

3.自然主义体育思想

自然主义体育思想是西方的一个重要体育教学思想，最早是由教育家卢梭提出的。西方自然主义体育教学思想认为，自然体育活动能够起到更好的运动效果，对人为活动持一定的否定态度，主张人应该在大自然中从事各种活动，主张体育应实现"育人"的重要作用，重视学生的个性发展。但是，受历史因素的影响，自然主义体育思想的提出以及其理论体系难免具有一定的局限性，即过于强调体育教学的娱乐性，忽视增强学生体质。

我国五四运动时期，西方自然主义体育思想成为批判军国民教育的有力武器。一些接受和认同西方自然主义体育思想的社会人士，充分强调了注重人的全面教育的重要作用，有效促进了我国对于体育理论和规律的研究。在我国近代国内局势动荡的社会背景下，西方自然主义体育思想对我国体育教学思想的影响，主要停留在理论层面，并没有在体育教学实践中得到广泛的推广与应用。

4."土洋体育之争"

20世纪30年代，在体育教育领域，我国掀起了一场"土洋体育之争"的体育教育思潮辩论。"土体育"，顾名思义，就是以本土体育教育为重心的体育教育思想，该体育教育思想主张体育教学以传统国术为主，以西洋体育为辅，强调体育教育的根本任务是救国，学生应进行军事训练，参与劳动，不必参加国际赛事。"洋体育"与"土体育"相对应，专指欧美的西方近代体育，主张"体育的最低目的是健康，最高的目的为文化"，反对"把军事训练作为体育的唯一正宗""用劳动代替运动"，体育是一种重要的育人手段，其根本在于促进人的健康发展，而不是为劳动、军事所服务的。在东西方体育教育和体育教学思想的激烈碰撞下，这一时期，我国学校体育教学建立了基本稳定的体育课程体系，教学方法日益丰富，课程内容以西方体育技术传习为主，以武术为代表的传统体育多在民间会馆流传发展。从整体来看，我国已经普遍接受了当时西方较为先进的体育教学思想，一些西方体育教学内容在各学校得到了广泛的普及，我国民族传统体育则在学校开展得不多。

5.体育的"军事化"与"教育化"之争

在我国半殖民地半封建社会性质下，社会各阶层为实现国家强大和民族复兴而不断努力，在教育领域，体育为实现"救国强民"的思想热潮而普遍被许多教育人士和社会有识之士所接受，体育应不应该重视个人的发展方面，一些学者进行了体育教育之于个人、国家发展的思考。中西方体育教学思想激烈碰撞的时期，各种体育教学思想纷纷出现，关于体育教育的性质和功能，出现了"军事化"与"教育化"的争论，具体表现如下：中央大学体育系主任程登科提出体育军事化思想，主张实行全民体育化，把体育作为"强国强种与复兴民族的工具"，主张体育教学管理军事化，体育教育应服从军事需要。另外一些学者和思想家则认为体育具有重要的教育功能，应为教育服务。体育教育化思想则认为，现代体育是教育体系的重要组成部分，应关注和重视人的发展，促进青少年的身心健康和健全人格培养，使之更好地适应和服务社会发展需要，从而将体育的军事训练性质彻底剥离出来。这一思想内涵与现代体育教育促进人的发展的思想内涵是基本一致的。

6.体育与军事训练相结合的体育思想

中国共产党成立之后，在解放区积极开展各项体育活动，提出"大众的体育，抗战的体育"口号，解放区学校"开展军民共建"，积极想方设法开设体育课和课外体育活动。1941年成立的延安大学体育系，培养了一批体育干部和师资，为新的学校体育发展奠定了重要的体育人才和体育理论基础。在中国共产党开设的学校体育教育中，体育兼具战斗性、大众化、民主性，这与我国当时的社会战争背景以及共产党的宗旨具有密切联系。在中国共产党领导的解放区，共产党在学习苏联体育教育教学思想和实践经验的基础上，在学校体育中既重视体育知识教授，也重视战争技能培养。

三、我国高校体育教学思想流变

高校体育教学思想对体育教育起到导向性作用，合理、正确、科学的体育教学思想，有利于高校体育教师科学教学、高质量教学，能够有效提升教学质量和学习效率，促进学生健康成长和发展。因此，加强高校体育教学思想研究对我国体育教学的可持续性发展具有重要影响和意义。

（一）中华人民共和国成立初期的体育教学思想

新中国成立之初，我国各经济领域结构简单，物质基础薄弱，国民生产力低下。在这一国情下，为了保障人民的生存和生活，并实现国家发展，"全民皆兵"便成了当时发展国民经济和树立保家卫国思想的重要国策，各高校学生也因此树立了奉献国防的精神。在当时，全国各个高校的体育教学思想与目标都包含了一定程度的军事思想和军事内容，由此有效弥补了高校体育教学在物质基础上的薄弱，同时也增强了大学生爱国、护国、卫国、保家的品质精神。在当时中国的特殊国情下，高校体育教学的这一思想符合当时的社会发展，是时代和社会发展的产物。

（二）竞技体育思想的形成与发展

在新中国成立不久，为了能够在国际上确立我国独立自主的地位，我国积极参加奥林匹克运动会。当然，这一参与过程也是曲折的，从国际奥委会拒绝中国参加奥运会，到五星红旗插到奥运赛场上，显现了我国逐渐增强的体育国力，标志着我国正向着体育强国一步一步迈进。与此同时，我国的体育教学无论是小学还是中学、高校、业余体校，都已经开始认识到体育是竞技体育，是推动我国国际地位建设的重要项目。当时，我国高校的体育教学内容与思想在保留原有特色基础上，开始形成初步的竞技体育思想。

（三）改革开放初期体质健康思想的确立

这一阶段，我国工、农、林业逐步发展，国民经济开始得到复苏，与此同时，教育事业也迎来了新的发展变革与挑战，尤其在高校体育教学中，党中央颁布了一系列相关文件以确立体育在整个教学体系中所占据的重要地位，阐述了体育在国际上产生的重要影响力。一方面确定了"以增强学生体质为体育教学"的指导思想，另一方面，中央对全国的教育工作提出了明确要求，提出要对现行的教育体制进行改革，大力提高人才培养力度和国民素质。国家所做出的这一系列指示，不仅有效转变了我国固有的教育体系思想，还为我国的体育教学拓展了新的目标和思想，使我国的体育教学更加注重学生的身体素质和心理素质发展，这无论对我国的整个教育体系还是对体育教学来说，都是一个不小的进步。

（四）深化改革阶段的竞技体育思想

党的十一届三中全会的召开，开辟了中国改革开放的新时期。围绕以经济建设为中心的社会主义初级阶段基本路线，马克思主义在中国实现了第二次历史性飞跃。随着高校地位的恢复，高校思想政治教育亦得以重建并回归正轨，迎来了走中国特色社会主义高校建设道路的全新发展时期。在经济体制巨大变化的大背景下，坚持社会主义意识形态的主导地位，确保高校人才培养的社会主义方向，培养社会主义事业的建设者和接班人，成为此时期高校思想政治教育工作的基本任务。邓小平提出，要培养有理想、有道德、有文化、有纪律的"四有"新人。"四有"的核心重点是"一靠理想，二靠纪律"，以"四有"标准为出发点，教育部提出了对当时高校思想政治教育的课程设置、教学制度、教学内容和方法的一系列改革措施。不能否认，改革开放后我国社会意识形态领域出现了较为复杂的状况，由于受到资产阶级自由化思潮的冲击，使高校思想政治教育在前进中一度遭遇挫折。为适应社会主义现代化建设需要，高校思想政治教育在高校教育领域始终发挥着"生命线"作用，巩固了马克思主义在意识形态领域的指导地位，严守党的领导地位始终不变、性质宗旨始终不变、先进性始终不变。在反思历史的基础上，党的十三届四中全会后，高校思想政治教育再度焕发出蓬勃生机。进入20世纪末期，以江泽民同志为核心的第三代中央领导集体在总结历史经验的基础上提出了"三个代表"重要思想，对高校思想政治教育提出了新的要求，提出思想政治教育制度建设的新目标，也为改革完善高校思想政治教育制度提供了方向与理论指引。此时期，高校思想政治教育基础建设，包括教材的修订与教师队伍建设工作成效显著，思想政治教育学科体系建设得以进一步加强。党的十六大之后，胡锦涛同志提出科学发展观的重要思想，阐发了以人为本的发展理念，指引了新时期高校思想政治教育不断强化与健康发展。

这一阶段我国的竞技体育思想文化观念呈现多元化发展趋势，与此同时，高校体育教学改革日益深化，各种教学模式涌现，不断推动着我国高校体育教学的发展，并逐步形成一套以素质教育为主要目标的体育教学体系，使高校体育教学层次更加丰富多样化。

我国的教育宗旨是实现人才"德、智、体、美"全面发展，十分重视人才素质教育，不论在理论方面还是在实践方面，素质体育教育都是我国教育体系中的重要组成部分，它对我国的体育教育发展有着深远的影响。

（五）现代"终身体育""健康第一"指导思想的形成与发展

近年来，随着人们生活水平的不断提升和新兴事物的不断涌现，我国大学生的体育意识渐趋薄弱化，整体体质状况也呈逐渐下降的趋势，如出现近视、肥胖等健康问题。针对这一现状，我国对体育教学提出了更为切实的要求，提出坚持以"健康第一，终身体育"为体育教学指导思想开展体育教育教学。在这一基础上，各个高校在教学中以学生为主体，采用多样化的教学模式，有效转变了传统的体育教学理念，极大激发了学生的体育兴趣，帮助学生树立了终生体育意识，使体育能够贯穿学生的生活和学习，促进其身心发展。与此同时，教育部还严格制定了《学生体质健康标准》，从身体形态、身体机能、身体素质等方面对学生的综合素质进行全方位评定，以促进和推动素质体育教育的开展。

第二章　高校体育教学方法

本章主要介绍高校体育的教学方法，从以下三个方面论述，分别为体育教学的方法概述、高校体育教学现状分析和高校体育教学方法的创新路径。

第一节　体育教学方法概述

方法的重要性毋庸置疑，对于体育教学来说，教师在教学过程中选择的体育教学方法对激发学生的学习兴趣、教学目标的完成、教学效果的达标都产生重要影响，所以在体育教学中必须要选择科学正确的教学方法。

一、体育教学方法的含义

体育教学方法是一个总称，其包含了在体育教学过程中采取的多种教学方式和教学手段，目的是达到体育教学目标，并且具有教学可操作性以及有效性。体育教学方法是一个整体概念，可以对其进行多方面的理解。

（一）体育教学方法是"教"与"学"的统一

顾名思义，体育教学方法实际上包含的是教师的"教"与学生的"学"两方面内容，即教与学的统一，其强调的是师生的互动交流。只有师生两个主体都充分发挥主体性，才能取得有效的教学效果，教学方法的作用才能得到充分发挥。针对学生的整体或个体情况，教师选择合适的体育教学方法和手段，这样有针对性的教学方式带来很强的互动效果，从而在师生的交流接触中逐步达到教学的目的。因此，体育教学方法的本质是"教"和"学"的关系处理，这两个内容是教学方法必备的。

（二）体育教学方法是师生动作和行为的总和

教学方法运用于教师和学生两个主体中，由于体育教学的特殊性，教学方法实际上要通过师生两个主体的互动才能得以实施，所以两个主体的行为动作以及有关教学的互动总和属于教学方法的内容。体育教学与其他科目教学有很大的区别，体育要落实到身体动作上，所以在教学过程中，除了语言的交流，更多的是用身体动作交流，而为保证动作的正确和规范性，体育教师要进行相应的示范、讲解，观察学生的动作是否合格，发现动作错误时要及时纠正，帮助学生掌握正确的动作和技能，还要注意监督学生重复练习以达到最终掌握正确的动作和技能的目的。从这一角度来看，体育教学方法是教师和学生的动作和行为的总和。

（三）体育教学方法与教学目标不可分割

方法是目的的手段，教学方法是为达到教学目标而产生的，脱离目标则方法的存在就没有了意义。教学方法为教学目标而服务，采取教学方法是为了教学目标能够更高质量、高效率地实现，两者是密切相关的。目标是方法的依托，方法是实现目标的必要途径，二者具有不可分割性，因为一旦分割开来，那么教学方法将失去方向，而教学目标也无法实现。

（四）体育教学方法具有多元化功能

随着社会的发展，体育被赋予了更为丰富的内涵，体育教学的功能也趋向多元化。当代社会，体育教学不仅让学生掌握动作和技术，还承担着促进学生全面发展的使命。

因此，体育教学方法也要相应地具有多元化功能，不仅要进行体育动作的教学，还要促进学生身体素质和运动能力的增强，此外还要培养学生的思想道德品质，提高学生的心理素质，促进学生全面发展。

二、体育教学的基本方法

（一）语言教学法

语言教学法即通过直接的语言对学生进行知识传达，教师在进行语言教学时，应吐字清楚、语速流畅、逻辑清晰。正确地使用语言教学法，有利于教师有效传达知识点，并使学生快速明确和了解相应的学习目标和学习任务。在体育教学中运用语言教学法时，除了要注重基本的吐字和表述之外，还要注重采用多样化的语言教学形式开展教学，如讲解法、口头汇报法、口头评价法以及口令和指示法等。

1.讲解法

讲解法是语言教学中较为普遍的一种教学方法，通常包括讲解概念、原理、原则、特点、性质等。讲解法在实际运用过程中应注意以下五点。

（1）明确讲解的目的

讲解法教学并不是简单地陈述课本上的内容和知识要点，而是教师根据教学目标、教学内容以及学生特性进行有意义、有针对性地讲解。在讲解的过程中要注重语速平缓、语气平和，同时要抓住教学内容的重点和难点，这样才能使学生既能够准确地获取教师所讲解内容，又能够明白需要掌握的难点。

（2）注重讲解内容的正确性

不管是书本上的知识点，还是教师自身的看法或观点，教师在进行讲解时都要保证其内容的正确性和科学性，不能让学生产生困惑和不解。另外，讲解内容还需要符合学生当下的学习基础和掌握能力。

（3）讲解方式生动形象、简明扼要

讲解方式生动形象、简明扼要，有利于学生有效理解各种动作结构的要点和难点。在具体的讲解过程中，教师应当注重将新的动作结构与学生的基本水平相结合，使学生能够更好地结合理论和实践。另外，由于课堂时间有限，教师在进行教学时可以先讲解本堂课的重点内容，避免学生因专注力不能长时间集中而无法有效掌握学习重点。

（4）注重启发学生的思维能力

在体育教学中，对于一些体系化、整体化的知识和动作结构，不能将其孤立起来，要通过讲解的方式激发学生的发散思维与创造思维，使学生在学完知识点之后能够做到举一反三、学以致用。

（5）注重讲解的时机和效果

讲解的时机和效果是指在最有效的环境和位置中确保学生最大限度地学习知识。例如，教师在进行教学时，学生以高矮顺序进行前后位置排队，而为了避免距离自己较远的学生不能听清楚自己讲解，可以让学生以教师为中心站成圆形的队伍，保证每一个学生能够听清教师讲解的内容、看清教师的示范动作。

2.口头汇报法

口头汇报法本质上不是教师的教学方法，其实应该是指学生的一种教学配合方法，即学生通过自身对学习内容的体会和感悟，将自己对学习内容、任务、目标等有疑惑的地方提出来，以口头汇报的方式告知教师，从而方便教师及时发现教育环节中的问题和不足。这种方式对于学生而言，不仅极大地发挥了学生在教学过程中的主体作用，还帮助培养和锻炼了学生的口头表达能力与语言组织能力。与此同时，还有效提升了教师的教学水平和学生的学习水平，对整体教学质量的提高能够起到非常重要的作用。

3.口头评价法

口头评价是指教师对学生所完成的学习任务给出相应的评价，帮助学生更好地学习。口头评价具体可以分为两种评价，即积极评价与消极评价。积极评价就是对学生的表现给出正面、积极的评价，这对学生能够起到鼓励和激发的作用，使学生对学习更有热情和积极性；消极评价则是针对学生的表现给出否定性的评价，这种评价并不是指一味地批评学生，而是要指出学生表现中的不足，使学生能够正视自己、纠正错误、弥补不足。教师在采取这两种评价方法时，需要注意自己的语气和态度，避免学生骄傲自满或者是灰心丧气。

4.口令和指示法

体育教学中的口令和指示通常为"立正""预备""转体""各就各位"，这些语言虽然简短，却极具力量，学生在收到教师给出的指令后，能够快速有效地按照指令完成相应的体育动作。但是口令和指示的方法也不是随意乱用的，需要把握一定的课堂节奏，并配合学生的协调度。此外，教师在喊出口令和指示时，还要保证自身声音铿锵有力，给学生一种势在必行的感觉。

（二）完整与分解教学法

1.完整教学法

完整教学法是指从一个动作的开始到结束，不划分具体的部分和段落，教师完整地教授技术动作，保证技术动作内在结构完整性的一种教材处理方法。例如，将跨越式跳高这项技术从头到尾，不分助跑、起跳、过杆、落垫环节，将技术完整地交给学生。完整教学法的优点在于能让学生对技术动作的学习有直观的整体印象。完整教学法比较适合用于技术动作较为简单或动作较复杂但是分为几个动作学习会破坏动作完整性的情况下学习。教师在教学时，应该以掌握动作基础为第一目的，精通动作基础为第二目的，也可以先要求学生对技术动作的方向和路线的规范，再要求学生在动作幅度和节奏上的规范。

2.分解教学法

所谓分解教学法处理教材是指将一个完整的技术动作合理地分成几个部分，按各部分依次进行练习，最后能掌握全部的技术动作所运用的一种教材处理方法。这种处理方法通常在用完整法学习比较困难，所学的技术比较复杂或者难度比较高但是又可以进行分解，在技术的某一个环节需要强化练习的情况之下，动作比较多且不容易掌握时采用。例如，在学习武术五步拳套路时应用分解处理法比较合理。其是一种将复杂的教学过程按照逻辑顺序分解成若干部分容易掌握的单项技能，且对每项技能都提出要求和目标的处理方法。因此，合理运用分解法对教材进行处理，能有效提高学生练习技术动作的效益和效率。

（三）直观教学法

直观教学法就是通过身体的示范或某一媒介作用使学生形成特定感知，从而对知识技能进行记忆和理解。直观教学法在体育教学中较为常用，其通常包括动作示范、条件诱导、多媒体技术、教具和模型的演示等内容，它能够使学生更加直观地了解和学习教学内容。

1.动作示范法

动作示范即教师灵活运用身体的肢体结构，形象直观地向学生进行动作示范教学，使其能够正确把握动作结构和动作要领。动作示范不一定需要教师亲身示范，还可以组织学生进行示范，教师从旁进行指导和修正。在运用动作示范法时需要注意以下三个方面。

（1）具有目的性

在进行动作示范时，需要预先估量要达到的目的，如果只是需要学生了解基本的动作，教师的示范速度可以加快，不做过多赘述；若是需要学生了解细致的动作结构，教师在示范过程中则可以放慢教学进度，必要时可以进行动作结构和技术的分解教学。

（2）注重正确性

动作示范出现错误和误差，就会使学生的学习出现偏差，而若不及时改正则会导致学生形成错误动作习惯和定势，甚至会影响到学生的体育终身。所以教师在动作示范中一定要持以认真严谨的态度，确保示范动作的正确和规整，不对学生形成误导。

（3）配合讲解法

单纯的动作示范并不能达到最优教育效果，还需要有效、清晰地配合讲解。教师在进行动作示范时加以相应的讲解，能够使学生更好地理解和运用动作技术。一般可以先讲解再示范，也可以边示范边讲解，或先示范后讲解，具体需要根据不同的体育教学内容来进行调整。

2.条件诱导法

条件诱导法是指以一定的外部条件为诱导因素，使人的身体建立相应的动作联系，从而达到最终的教学目的。例如，通过播放广播体操的音乐，使学生能够迅速地作出做操的反应；采取喊节拍的形式，形成动作的节奏感；通过简单的语言提示，使学生流畅地完成动作；设置相应的视觉标志，刺激学生的视觉感应。

3.多媒体技术法

当前科学技术不断发展，许多媒体技术都应用到了教育活动中，如幻灯片、电视、投影等。这种多媒体教学方法比较符合学生的兴趣点，能够迅速集中学生的注意力，获得良好的学习效果。虽然这种教学方法在现代教学中较为常见，但对于当前体育教学来说还不具备较强的适应性，一些体育教学环境并不适用多媒体。

4.直观教具与模型演示法

在体育教学过程中，对于一些具有危险性或难度较大的内容，可以通过模型演示的方法进行教学，或是通过图表、照片的形式来进行说明，有效发挥教具、模型的教学辅导作用。

（四）预防与纠错教学法

预防与纠错教学法是指教师对学生表现出的一些错误动作进行纠正和改善，这种教学方法在体育教学中也较为常见。在体育教学过程中，学生因认识不全、接收能力有限、基础能力不强等原因而出现错误是不可避免的，教师应当对此表示理解，并做出及时的纠正和引导。

预防和纠正虽然其最终目的都是一样的，但是从本质上看还是有着一定的区别。预防是一种有预见性的防范，纠错是对现下已经发生的错误进行后期改正。预防与纠错教学方法的实施具体有以下四种。

1.语言表述法

语言表述法能够帮助学生在做出动作前，先建立一个正确的动作意识，所以在进行语言表述时，就需要对一些细节和重点的内容进行详细准确的描述，使学生对各个细节部分有一定理解。

2.诱导练习法

举例来说，如果学生在做肩肘倒立时无法将腰腹部挺直，针对这种情况，教师可在垫子上方悬一吊球，让学生用脚尖触球，这样学生就可以挺直腰腹部，这就是诱导教学法。

3.限制练习法

限制练习法是指在学生进行动作练习时，教师对其作出一定的约束和限制，防止学生在自主练习的过程中出现错误。例如，在进行篮球投篮练习时，为了使学生的投篮动作更加协调、标准，可进行罚球线左右的投篮练习，使学生掌握正确的投篮方式。

4.自我暗示法

自我暗示法是一种应用于各个学科的教学方法，比较简单易行。在体育教学过程中，当学生对自己没有信心时，自我暗示法能够有效地帮助学生恢复信心。例如，"我可以的！""我一点都不感觉到紧张。""这个动作我已经练习很多次了，相信不会出错。"都是良好的自我暗示语句。

应用预防与纠错教学法应遵循以下原则。

（1）强化正确的动作概念，促进正确动作表象的形成。在动作教学初期，动作概念不清楚，未能建立正确的动作表象是形成动作错误的重要原因。形成正确动作表象的关键是教师合理而正确的示范动作。在练习之前或在练习过程中要提醒学生注意动作要领，强化正确的动作概念。此外，还应注意讲解的艺术，讲解应语言精练，突出重点，通俗易懂，使学生明确正确与错误动作最主要的差异在哪里，从而避免或及时纠正错误动作。

（2）变换练习内容，纠正错误动力定型。教学实践证明，改正一个错误动作比学习一个新动作还要困难。为了纠正学生因恐惧和焦虑，或受旧运动技能影响而形成的错误动作时，应变换练习内容，有目的、有计划地采用一些诱导性、辅助性练习，将学生从已形成的动作错误中转移出来，在此基础上正确地完成新的动作。

（3）降低作业难度，分解完成动作。学生在学习动作技术初期，由于身体素质与紧张心理造成的动作错误，应改变练习条件，先分后合地进行教学，以便使学生在相对比较简单的条件下完成动作。如在练习排球传球技术时，可以将该技术动作分解为手型、击球点、用力三部分，先教手型，再教击球点，然后教身体协调用力，最后把三部分串联起来进行完整的传球练习。

（4）调动学生的学习积极性，提高完成动作的信心。在运动技能的学习过程中，让学生及时了解自己的学习结果，或者进行正确的评价和适当的表扬与批评，使练习的内容具有针对性。这些方式都会激发学生学习的动机，可以激起他们进一步学习的愿望。另外，要不断消除学生的恐惧心理，通过行之有效的安全措施、正确的保护与帮助手段，使学生放开手脚练习，树立完成正确动作的信心。

（5）抓住错误动作的主要方面。教师要具有训练有素的观察动作的眼力，在判断错误动作的类型时，要辨别清楚是动作方法、动作用力、动作发力、动作速度、动作幅度、动作稳定性、动作的准确性，还是动作的协调性与连贯性等哪种类型的错误，然后对症下药纠正错误动作。在纠正学生的错误动作时，要找出产生错误的根本原因以确定改正错误的顺序。改正错误应从主要问题抓起，一次纠正许多错误不会有好的效果。

三、体育教学方法的分类

目前，业界对于体育教学方法并没有确定统一的分类标准和划分依据，现在一般根据经验，将体育教学方法划分为教法类、学法类及练法类三种类型。

（一）教法类

1.知识技能教法

（1）基本知识的教法

体育的基本知识包括体育基础理论以及体育保健方面的知识，体育基本知识的教学方法与其他注重语言要素学科的教学方法类似，由于体育的基本知识涵盖许多方面，所以体育知识技能的教学方法分类比较复杂，在采取的分类依据不同的时候，对知识技能的教学方法划分不同。教师应根据具体的教学情况选择相应的教学方法，应注重体育基本知识与体育活动实践的结合，同时还要在教学过程中注意师生间的情感交流，以便更大程度地发挥出体育教学的多功能作用。

（2）体育技能的教法

体育技能的教学方法即为最常见的运动教学方法，教授的对象是体育运动，比如体育动作、实践技术等内容。体育技能的教学因为涉及大量身体动作，即身体要素，所以与其他注重语言要素的学科教学有着很大区别。在教学时，教师首先应明确教学目的，如帮助学生掌握运动的动作和技术，或是增强学生的身体素质，明确了目的之后，将能够达到目的的内容列出来，并对教学内容进行分析和处理，经分析后选择合适的教学方法来完成教学内容，以达到教学目的。体育教学方法应根据具体的教学内容来选择，因此，体育技术技能教学方法有着适应性强、灵活多变的特点。

2.思想教育法

思想教育法是指对学生进行思想品德教育的方法。由于体育的内涵和功能日趋多元化，故体育也承担着德育的重要任务。在体育教学中开展思想教育时，要结合体育的特点，采取适应体育教学的方法来培养学生良好的思想道德品质，这样才能取得有效的教育效果。在体育教学中，要注重学生与体育相关的道德和精神的培养，比如顽强拼搏、勇于坚持、敢于挑战等意志品质，以及团队协作、集体主义的意识，同时要注重促进学生的个性化发展，要帮助学生树立起正确的价值观念，鼓励学生的创新和探索思想及行为。

（二）学法类

学法类体育教学方法的作用是指导学生掌握自主学习的方法，培养学生自我学习、自我提升能力。在帮助学生掌握学习方法时应注意两个方面：首先，要帮助学生培养自我学习的能力，确保其能够有效掌握现有的体育知识和经验，在继承的基础上发挥自己的创造力，实现自身掌握的体育知识和技能的良好发展；其次，要帮助学生将相应的体育知识结合自身的个性以及身体素质的特点，使其养成终身体育的意识并拥有可以促进终身体育的能力。以长远的眼光来看，学法类的教学方法培养的是学生自主学习的能力，不仅要帮助学生掌握相应的体育知识和技能，还要培养其热爱体育的兴趣，使其能够在今后的生活中保持体育锻炼的习惯，养成终身体育的意识。

（三）练法类

练法类教学方法的作用是指导学生进行体育锻炼，是最直接也是最具体育本质特征的教学方法。该类教学方法直接指导学生进行体育锻炼，对于学生的身体素质以及运动技能的发展产生的作用和效果最为显著。采用练法类教学方式时，应确保学生能够理解和感受身体运动时的感觉，这是动作教学的基础。该类方法的教学效果因人而异，并且方法众多，一般要根据不同的教学内容来选择合适的教学方法，为方便教学，一般会将体育教学划分阶段，每一阶段有其相应的教学方法。

1.第一阶段

在体育教学的第一阶段，教学目的是建立动作技术的直观表象，即加深学生对体育运动和动作的记忆和理解，通过一般记忆来达到知识学习，此阶段一般会运用听、看、思、记等手段来帮助学生深刻认识体育运动。该阶段可以采用的方法有观察法、形象思维法、归纳思维法等。

2.第二阶段

第二阶段的教学任务是教授给学生体育运动技术并及时矫正学生的错误动

作，帮助学生掌握正确的体育动作。该阶段可以采取的具体方法有模仿练习法、分解练习法、重复练习法、游戏练习法、循环练习法等。该阶段的教学方法任务是使学生掌握完整、正确的体育动作。

3.第三阶段

第三阶段的教学任务是巩固并提高学生掌握动作技能的熟练度和精准度，该阶段可采取的具体方法有强化练习法、比赛练习法等，教学重点是使学生将学习到的体育动作融会贯通。在体育教学过程中，可以单独使用某种教学方法，也可以将多种教学方法进行有效的融合，使之形成体系，以便科学运用。但要注意的是，教师要让学生明确各种方法的目的和作用，使其明白方法之间的联系，这样才能加深学生对体育动作的理解，从而取得更好的教学效果。

四、体育教学方法的特征

（一）多种感官集体参与性

由于体育教学的特殊性，在体育教学活动过程中需要调动人体多种器官共同参与，需要做到感知、思考和练习统一，才能够保证体育"教"与"学"的顺利完成。以具体体育动作的教学为例，首先需要教师为学生进行动作示范，并为学生讲解动作的要点，学生则需要理解教师讲解的理论知识，并根据自己的观察和理解模仿教师的动作，随后进行动作的重复练习。此外，教师还要对学生的动作规范性进行观察，纠正其错误的动作。在整个过程中，参与者需要观察、聆听、思考、动作，调动眼睛、耳朵等多种器官共同完成训练活动。

根据体育教学活动需要多器官集体参与的特点，教师应在体育教学的过程中运用多种方法，以便有效调动学生的各种器官参与教学活动，使得学生更专注投入地参与到教学中，以促进学生更有效率、有质量地完成相应的体育学习。也就是说，教师应在教学活动中引导学生集中注意力、积极思考，引导学生注重对动作技术的调节控制，并进行大量的重复练习加深记忆，以达成良好的教学效果。

（二）感知、思维和练习有机结合性

学生学习体育动作是一个复杂的过程，需要经历感知、思考、记忆、想象，

最终将思维落实到身体动作中并成功掌握正确动作的过程。所以，体育教学是思维和练习相结合的过程。在体育教学中，学生首先需要感知外界信息，在大脑接收信息后进行思维活动，分析并处理信息，最后依据处理结果作出指令传达至身体器官完成相应的动作。

练习的原理是使学生通过不断重复的动作建立起相应的动力定型，形成身体记忆，实现动作的自动化，以此达到牢固掌握动作的目的。因此，体育教学方法的实施过程，同样也是需要主体将认识与实践结合、思维与身体相结合的过程，是感知、思维和练习三者的有机结合。在体育动作的学习过程中，感知信息是学习动作的基础，思维活动是学习动作的核心，练习是掌握动作的重要手段。

（三）实践操作性

体育教学方法与一般的教学方法相比，最大的特点是实践操作性。体育教学方法必须与体育教学实践紧密相连，当然有些方法是室内学科教学方法的借用，如直观教学法、讲解法等，但这些方法必须根据室外体育教学的特点、环境、学生的队列等情况加以调整，否则就不能适应体育教学。体育教学的主要方式是身体运动，身体运动是学生对自身身体的运动感受，具有"此时此地"的特点。因此，在选择与安排教学方法时，一定要根据体育教学自身操作活动的实践特点进行，而不仅是停留在理论层面上。只有结合实践操作的体育教学方法，才能让学生在掌握动作技术概念的基础上，通过身体实践活动达到掌握运动技能、促进心理发展的目的。同时，体育教学方法必须得到体育教学实践的检验，才能判断其教学方法是否有效。

（四）时空功效性

体育教学可以划分为不同的阶段，在不同的阶段内，有着鲜明的阶段特点，师生之间相互产生一定的影响。在教学的开始阶段，教师处于主导地位，随着时间的推移，学生的主体地位逐渐增强。在教学过程中，教学方法和途径发挥了重要的作用。在开始阶段，学生学习动机、兴趣、欲望等的激发，需要教师运用合理的方法；教师通过讲解、示范等方法来使学生理解和掌握相应的知识和技能；学生在学练过程中，通过一定的方法来感知、理解和掌握相关的知识。总之，在体育教学的不同阶段，体育教学方法都发挥着应有的作用，这是体育教学方法的时空功效性特点。

（五）运动与休息合理交替性

在体育教学过程中，学生需要调动身体的多种器官集体参与到教学活动中，并完成一系列的思维与动作活动。高强度的教学会令学生的大脑和身体产生疲劳，随着体能和身体机能下降，学习效率也会下降。所以，为了保证教学活动正常进行，确保学生学习的效率，教师应在教学过程中安排必要的休息活动，否则高强度的教学将会超过学生的负荷，容易造成消极影响。因此，体育教学方法也要注重运动与学习的结合，将学生的负荷情况考虑在内，安排适当量的教学内容，同时要注意给予学生充分的休息，以便其恢复身体机能，从而保证学习效果。

要注意休息不一定是指完全停止所有活动的消极性休息，而是通过轻松的活动来放松身心，消除疲劳，达到一种积极的休息。教师安排休息时应考虑具体的教学情况，注重积极性休息和消极性休息的结合，使得休息能够更好地达到预期效果。

五、体育教学方法的价值

（一）有利于推动体育教学任务的实现

要完成教学任务必须要有相应的方法和媒介，而连接教师和学生这两个教学主体的媒介就是教学方法，师生之间经由教学方法而产生了互动，加强了联系，由此产生了教学的具体活动，如教师的讲解、示范、练习等。合理有效的教学方法有利于推动教学任务的完成。

（二）有利于良好教学氛围的营造

选择合理恰当的体育教学方法可以很好地适应学生的学习情况。学生在学习过程中感到顺利便会更加激发自身对体育活动的积极性，其学习动机也会更强。学生学得顺利，教师教得顺利，学生对体育教师的信任度更高，师生间产生了良好互动，有利于营造良好的教学氛围。反过来，良好的教学氛围又容易感染学生的情绪，激发其学习兴趣，调动其主动性，使学生自主参与体育学习。科学合理的教学方法与良好的教学氛围之间相互影响，形成一种良性循环。

（三）有利于促进学生身心的全面发展

好的体育教学方法受科学的理念所指导，教师会受到科学理念的熏陶和影响，于是具体的教学内容也更加科学合理。以科学合理的教学方式进行体育教学对于学生来说十分有利，有利于引导学生树立正确的体育理念，能够为学生指引体育学习的正确方向。教学方法实施的具体过程，实际上是对学生的体育知识和体育运动技术的传授和锻炼过程，良好的教学方法不仅会注重学生在理论知识和实践能力方面的培养，还能锻炼学生的意志品质，对于学生的情感活动也会考虑到。所以科学的教学方法有利于促进学生身心全面发展。

（四）有利于体育教学质量的提高

科学合理的体育教学方法有利于教师高质量地完成体育知识或体育动作教学任务，并利用有利的因素充分提高学生的学习兴趣与热情，调动学生的主观能动性，有利于提高学生的学习效率，从而提高体育教学的质量。

第二节 高校体育教学现状分析

一、教学内容

在普遍的高等教育课堂中都存在教学内容不丰富，知识的更新速度比社会发展的需求慢，存在供不应求的现象。在平常的教学中受教育者学习知识是从书本上获取和教育者的言传身教，长时间就形成了知识只能从书本上获取的习惯，并且过度依赖教师的教授。在现代化发展的今天，信息技术越来越完善，要是不积极主动地学习有可能会被社会抛弃。并且，体育高校的教育者在体育技能以及体育相关知识的教授过程中，不仅仅是完成教学本身的教学任务，更重要的是培养受教育者去教其他的受教育者如何教和学，能使更多人在更短的时间内快速成长起来。所以教学内容不能仅仅停留在书本上，而应该全面发展学生各方面的能力。

二、教学环境

大多数的高校课堂都是集体上课，课堂上的人数相对较多，老师大多数时候都是以大多数人能听得懂的方式去讲授，没有太多的时间去挨个指导每一个学生。有些学生的基础较为薄弱，可能对这个课程慢慢地失去了兴趣，有些学生基础较好又会觉得过于简单。老师与学生交流的机会比较少，在大学的老师上完课基本和学生很少见面，也就导致老师与学生的关系不是特别密切。所以一个完善的线上与线下交流的平台就显得尤为重要，老师与学生可以不限时间不限地点地通过一个平台进行交流。

三、教学方法

学生经历高中时代的高压学习状态，来到大学的时候会比较自由，选择比较多就会出现散漫的情况，再加上课堂上的授课方式比较老套，课堂气氛调动不起来，教学效率就比较低了。这样的现状就造成了学生没有太多的学习自主性，课上课下极少有人去预习和复习，老师也不会要求学生这样做，长此以往就形成了学生的知识大部分是老师去传播，而自己不积极主动地去探索这样一个比较被动的过程。如此，老师的眼界可能就限制了学生的高度。高校的这种灌输式教育方法极大地限制了学生的独立自主思考的能力，使学生不会自己积极主动地探索需要的知识，其实他们更多的是不知道自己需要哪方面的知识。并且，高校的老师们课程负担都比较重，完成自己的教学任务都需要很大的精力，更别说去调动学生的积极性了。

四、评价机制

学校的考评机制目前都是用期末期中考试这样的方式来进行，做不到对学生的能力有一个全面系统的检测。考试成绩其实不能够全面地反映学生的学习能力，考试成绩只能代表学生对当下知识掌握的熟练程度，非常不利于学生能力的全面发展。目前对学生期末时学习成绩的评定，并不能做到使整个学习过程得到体现，这样的机制无法体现学生的主体地位，也让现阶段的考试起不到真正的评价激励作用。考试的成绩也对学生学习的过程起不到什么作用，所以用考试的方法根本起不到调动学生积极性的作用，也达不到全面培养学生各方面能力的要求。综合起来，高校的教学课堂满足不了目前社会对学生的要求，不能仅仅通过教育者的言传身教来进行教学，教育者自己知识的更新速度也是有限的。因此，需要不断增加学生学习内容的多样性，改善学生的学习环境，变换学生学习的方式，并把考核机制做成教育者和受教育者能够互动的过程，考核的内容尽量多一些，全面一些。高校的学习直接影响着学生未来的发展和就业问题，所以至关重要。体育类的院校培养出来的学生从事教育事业的比较多一些，但不管从事中小学教育还是高校教育，对他们来说现阶段自己的学习都是尤为重要的。所以高等教育更应该注重学生的教与学能力的培养，只有通过系统的知识学习才能使其得到更好的应用。

第三节　高校体育教学方法的创新路径

一、提高教师综合素质

在开展高校体育教学方法创新工作的具体实践中，各大高校一定要顺应体育教学改革的时代趋势，结合本校体育课程的教学现状，不断提高教师的专业水平和综合素质，从而为高质量体育课程的开展奠定坚实基础，同时也为体育教学方法创新工作的高效运行提供强有力的保障。

（一）引导教师们形成良好的职业精神

目前，在高校体育教学创新中，教师们良好的职业精神主要表现在爱岗敬业和乐于奉献两个层面。在此过程中，各大高校要不断加强对教师师风师德的建设，引导教师们形成敢于创新和积极探索的教学理念，并以一种发自内心的真挚感情开展日常教学工作，合理利用学校现有的体育场地和体育器材，有效激发学生们的体育兴趣，深入发掘学生们的内在潜能，切实提高学生们的探究能力和创新能力，进一步促进学生们的全面发展。

（二）引导教师们形成完整的知识结构

体育课程与其他课程的日常教学存在着十分显著的差异，教师的知识结构与学生们的学习效果之间有着十分紧密的联系。因此教师们不仅要具备扎实的体育知识和高超的体育技能，同时还要对心理健康、人文知识和社会科学有一个较为全面的了解，从而有效处理教学过程中存在的各种问题。

（三）引导教师们合理运用现代化教学设备

现代化教学设备具有知识获取和信息传递的重要功能，对高校体育教学的创新性发展大有裨益。因此各大高校要为教师们提供良好的培训平台，使教师们全面了解现代化教育技术的内在价值，以及现代化教育设备的操作应用，从而充分发挥现代化教育技术和教育设备的实际效能。

二、构建良好的创新环境

环境对一个人的成长有着十分深远的影响，能够在潜移默化中改变一个人的思想和行为。因此各大高校在开展体育教学方法创新的教学实践过程中，必须在教师团队中构建良好的创新环境，形成积极向上的创新氛围。在此过程中，各大高校要切实做好以下几方面的工作。

（一）健全创新机制

重点支持教师们的创新项目和创新课题，建立科学合理的创新人才引入制度，切实加强对创新型教师的培养。

（二）营造良好的创新环境

高校应根据体育课程的教学实践以及其中存在的问题，为教师们提供自由的创新环境，有效激发教师们的创新思维，使教师们树立良好的创新意识，在全校范围内形成积极向上的创新氛围。

（三）加强对创新型教师的选拔和培养

不断优化体育专业和体育课程的设置，切实加强体育教育与体育科研之间的融合，有效增加教师之间的沟通交流，鼓励教师们积极开展创新活动，并将教学创新作为一项重要的考核指标，从而进一步提高教师们教学创新的积极性。

三、引入先进的教学方法

在高校体育教学方法创新的工作实践中，我国起步时间相对较晚，因此很多教学方式和教学理念尚未形成。针对这种情况，各大高校可以充分借鉴国际上先进的经验和理论，将其作为我国高校体育教学方法的创新参考。这能引导学生们掌握课程的知识结构，在具体的教学活动中将其内化成自身知识的一部分，并在此过程中提高学生们的自学能力、创新能力和探究能力，这对充分发挥学生的课堂主体地位大有裨益。在借鉴国外先进教学方法和教学理念的过程中，教师们要充分考虑我国高校学生的身心特点、身体素质及文化水平，制定适合我国高校学生长久发展的教育创新方式，从而为我国高校体育教育事业的不断发展奠定坚实的基础。与此同时，各大高校也要不断加强对先进教学理念的引入，切实加强体育教学与素质教育之间的联系，深化理论知识和教学实践之间的融合，培养学生们良好的体育习惯和体育兴趣，有效提高学生的自主学习能力，引导学生们正确认识体育锻炼的实际价值，为学生们的终身体育提供强有力的保障。

四、充分发挥学生的课堂主体作用

随着教育改革工作的不断深化，以教师为主的教学模式运用逐渐减少，充分发挥学生的课堂主体地位和教师的课堂主导作用，已经成为我国教育发展的重要趋势。因此教师们要顺应时代发展的潮流，不断更新自身的教学理念和教学模式，切实提升高校体育教学方法的创新。

首先，教师们要创设轻松愉悦的课堂氛围，与学生们建立平等和谐的师生关系，从而有效消除学生们在学习过程中的紧张感和焦虑感，使学生们能够积极主动地参与到体育活动中，从而切实提高体育课程的教学质量和教学兴趣。

其次，教师要通过对学生的引导和启发，使学生们掌握正确的学习方法和学习思路，并且培养学生们主动学习知识和更新知识的意识，从而切实提高学生的自学能力和探究能力，进一步促进学生们的全面发展。

最后，教师要通过学生们的课堂表现，了解学生们的兴趣爱好和身心特点，并以此为基础对学生们进行差异化教学，全面落实高校体育教学中因材施教的原则，切实尊重学生们的个体化差异，从而充分发挥学生们的内在潜能，为学生们的个性化发展奠定坚实的基础。

第三章　新时代高校体育教学的改革

本章主要从高校体育教学内容的革新发展、高校体育教学改革面临的问题、高校体育教学创新问题的思考、高校体育教学改革发展策略来论述新时代高校体育教学的改革。

第一节　高校体育教学内容的革新发展

体育教学是教学体系中的重要组成部分，对学生的身体和心理健康发展有着十分重要的作用。随着社会的变化和发展，体育教学也在不断发展和改革，其教学内容的变革已成为当今体育教育界的重要研究内容。

一、体育教学内容的概念

体育教学内容，即根据体育教学目标、学生身心发展需求、不同的教学条件对学习内容进行加工与整合，在体育教学环境下将体育知识教授给学生，其应不仅包含理论知识，还应包括运动技术和比赛方法等内容。

在体育教学中，教师在设计教学内容时应当以教学要求、前人经验、教育原则为依据，慎重思考、精挑细选、全面规划知识内容，从中提炼出最适合当前学生身心发展的概念以作为体育教学内容。教学内容反映教学的大致方向和进程，对体育教学实践起到指导作用。可以说，教学内容相当于体育教师和学生之间的中介和媒体，对两者之间的信息交流起着决定性作用。

此外，教学内容还应包括教师在从事教学时的具体步骤和做法，教师还需要从中考查学生的理解和掌握情况，从某一程度上来说，体育教学内容对体育教学的质量水平和成效起到非常重要的作用。

二、体育教学内容的特点

体育教学内容主要表现为以下五个特点。

（一）健身性

体育具有显著的健身性，不论是走、跑、跳、跃、投等身体活动形式，还是田径、球类、武术、游泳、摔跤、自行车、攀岩等项目内容，都具有增强体质、促进健康的重要功能。健身性是体育教学内容的本质所在，学生通过对体育理论知识、技能技巧的学习，再通过合理的强度安排进行练习，可以强身健体，促进身心发展。体育教学内容的健身性特点是其他学科教学内容所不具备的。

（二）娱乐性

体育的娱乐性要追溯到我国体育项目的起源，在最初的原始社会中，人们为了维持生存，不得不通过走、跑、跳、攀等一系列动作获取物资，从而形成了最基本的运动动作。在古代时，有不少体育项目为军事、娱乐所用，如春秋战国时以跳得高、善于走路为标准优先挑选士兵；蹴鞠是王公贵族的娱乐活动项目，也就是发展至今的足球运动。体育所具有的这一娱乐性沿袭至今，它不仅帮助人们调节心理健康状态，还能帮助学生建立积极乐观、克服困难的精神品质，提高了学生的社会适应能力。

（三）运动实践性

体育教学内容的运动实践性特点是区别于其他学科教学内容的一大特征。体育教学的本身属性，就是一种以身体为基础实现运动动作和技能结构的运动活动；是以运动为媒介，以大肌肉群的活动状态进行教育的内容。因此，体育教学不仅是大脑的思维活动过程，更是一系列以身体动作来对大脑理解的知识进行练习和检验的过程，所以体育教学内容的实践性特征尤为显著。

（四）教育性

体育教学内容作为体育教学的载体，在设计和选择上应当时刻注重其教育性特点。一般来说，体育教学内容的教育性体现在以下几方面。

（1）充分考虑学生的不同身体状况和心理特征，使最终的教学内容具有普遍适用性。

（2）适用于大学生身心发展。

（3）内容需要保证实践性、安全性、丰富性和突破性。

（4）传统体育教学内容与现代创新体育教学内容相结合，为新时代的学生设计更有创新性的教学内容。

（5）贯彻"健康第一""终身体育"的教育思想，避免将体育运动过度功利化。

（五）人际交往的开放性

体育运动项目丰富多样，在设计体育教学内容时，大多数活动项目都是集体性活动，学生们在共同的学习、练习、比赛过程中会有频繁的沟通、交流和合作，这与其他学科的小组讨论等形式完全不一样。相对来说，体育教学内容更具有人际交往的开放性特征，不仅能够帮助同学间建立亲密的、共同学习帮助的关系，还能够构建新型师生关系，促进师生的平等交流。

三、高校体育教学内容的革新

（一）体育教学内容革新的思路

1.遵循以人为本的思想，满足体育教学主体的需求

遵循以人为本的思想就是充分保证学生的主体地位，为满足学生对体育教学的需求，有针对性地选择体育教学内容素材。由于我国体育教学制度的不断改革以及社会不断进步，学生对于体育教学的需求与以往大不相同，在过去的体育学习中，学生的认知程度仅仅停留在增强身体素质，而新生事物的不断涌现，促使学生更加注重体育运动的趣味性。因此，在选择体育教学内容时，可以适当地增加一些新兴的运动项目，如健美操、舞蹈、韵律体操、滑轮、自行车等，这不仅

丰富了教学内容，还能够调动学生的积极性。

2.要对隐性体育教学内容引起重视

隐性体育教学是指与体育相关的道德修养、体育精神、思想作风、人文素质等无形的内容，这些内容虽然没有形成实质性内容，但是也是体育教学内容中不可或缺的一部分，其可以有效培养学生的学习态度、纪律观念、集体荣誉感、社会道德水平和意志品质。

3.增加健康教育的内容

在体育教学内容中增加健康教育内容不单是指身体健康方面，还包括心理健康、意志品质健康、行为习惯健康等方面。以学生的身心发展以及掌握知识程度为依据，进行有针对性的教学内容安排，充分发挥体育运动项目的多功能作用，有效激发学生学习兴趣，提高学生的参与度。

（二）教学内容革新的具体方面

1.体育教学培养目标

一方面要从单纯的课程（项目）达标转向体育精神和体育意识引领，不只培养运动技能，更要培养学生的体育意识，感知和体悟"更高、更快、更强"的体育道德精神；另一方面，将个体体育能力培养转向群体体育影响力培养。就是说，应用性创新人才不仅个体应具备一定的体育运动能力，而且要在此基础上形成一定的体育影响力，影响和带动身边的人乃至更多的人参与体育运动，爱好体育运动，形成终身体育运动的良好习惯。这既是应用性创新人才能力素质的要求，更是实施健康中国战略的要求。

2.体育课程体系

随着新的体育运动形态的不断出现和体育消费观的改变，学生对于体育运动的爱好和选择也在悄然发生改变。为了激发学生体育锻炼积极性，体育教学课程要根据校园体育设施增加和改善的情况，不断优化传统教学内容。适时增加新的体育教学内容，丰富和创新体育教学课程体系，让学生能够按照自身的爱好自主选择体育项目，将被动学习转化为自觉爱好，为学生带来更好的个性化运动体验，充分激发体育学习兴趣，切实提高体育教学效果。

3.体育课程标准

根据 2014 年 7 月 18 日教育部公布的最新《国家学生体质健康标准》制订与之相适应的课程标准，将单纯的体能测试标准拓展为"包括身体健康、心理健康和社会适应"的三维健康课程标准，对不同体质学生制订既有刚性要求又有弹性空间的体育课程达标评价标准。

4.体育教学模式

传统体育教育教学模式相对僵化、呆板，不利于学生个性化自主学习。体育教学改革要充分考虑新时代大学生的实际需求，将传统和新兴的体育项目相结合，按照类型和单元划分教学模块。同时，充分挖掘利用融媒体时代的体育教学资源，将网络体育教育资源与教材内容结合，利用现代化教学方式方法，为学生建立多元化、立体化教学平台，丰富和拓展体育学习的深度。这既便于学生系统学习和认识，又能够理顺体育教学结构，使之更加符合体育运动能力成长的内在逻辑要求。

5.体育教学评价机制

高度重视体育教学评价对于科学规范体育教学行为，推动体育教学深化改革，提高"教"与"学"积极性。认真贯彻落实教育部《学生体质健康监测评价办法》文件有关要求，建立健全体育教学评价机制，针对学生的学习过程和体能实际进行综合分析，实行个性化、差别化评价。坚持发展性评价原则，更加关注学生体育意识、体育技能的成长性和社会适应性，作出符合学生体育学习和能力成长实际的客观评价，切实提高体育评价的信度、效度和区分度。发挥评价对体育教学的反馈、导引和激励功能，引领体育教学更加符合应用性创新型人才身心成长的内在需求，为实施健康中国战略发挥积极作用。

（三）体育教材化

1.体育教材化的概念

体育教材化是指对体育教学目的、学生身心发展需求、教学物质条件等进行科学整理和加工，从而形成体育教学内容的过程。体育教材化，其主要可概括为以下几点。

（1）体育教材化是将体育的素材加工成体育教学内容的过程。

（2）体育素材加工的成果就是体育教学内容。

（3）在体育素材加工时，以体育教学目标和学生身心发展需求为主，以教学物质条件为辅。

（4）教材化的内容主要包括了素材的选择、加工、编排、媒介化等方面。

2.体育教材化的意义

体育教材化有着非常重要的意义，具体来说，主要体现在以下几个方面。

（1）体育教材化提炼体育教学目标和学生身心发展需求中最核心的内容，并将其与相应的物质条件结合而形成科学的教学内容，使教学内容具有一定的广泛性、适用性和目的性。

（2）通过对体育教学素材的有效加工，可以使最后得出的体育教学内容、教学目标与学生身心发展需求更加吻合，有效消除体育素材和体育教学内容之间的互异性。

（3）若体育教学内容仍然繁杂，可以通过体育教材化的编排、整合来进行改善，使体育教学内容更加系统化、完整化、合理化，最大程度发挥体育教学内容的效用。

（4）体育教材化可以通过后期的编辑、加工工作，使其更加符合现实教学情境，成为更生动的体育教学载体。

3.体育教材化的工作内容

体育教材化的工作内容主要包括体育教学内容的选择、编辑、加工以及媒介化。

（1）体育教学内容的改造与加工

体育教学内容经过严格的筛选与编辑后，还需要进行进一步的加工和改造，以验证其科学性和合理性，使体育教学实践有序进行。

体育教材化的方法在教学实践中已经获得了不错成果，不同的教材化方法有着不同的优势。

①简化的教材化方法

简化的教材化方法是指对体育运动过程中高难度的技术技巧、复杂的竞赛规则、繁杂的体育器材设施等进行一定程度的简化，增强学生对教材内容的适应性。这种教学方法让学生更易于接受，也与体育教学目标和体育教师的能力等各个方面更加匹配，操作时对于学生和教师来说更简单易行，是教学内容教材化的一种常用方法。

②文化化的教材化方法

文化化的教材化方法是指提炼体育运动中的各种文化要素，并将其具体展现在教材内容中，让学生充分了解体育运动的文化内涵，而不仅仅只是停留在对体育运动技术结构的认知层面上。文化化教材法通常是体育教学活动的辅助性内容，不适于理解能力相对较低的低年级学生，更适于高中和大学生，高校体育中适当纳入文化化的教材，有利于学生理解体育文化的性质，从深层次了解体育本身，从根本上培养体育运动兴趣。

③理性化的教材化方法

理性化的教材化方法具有一定的深度和广度，即对各种体育项目所蕴含的运动原理和知识进行采集整理，并将所采集到的有效信息纳入体育教学活动中。这种教材化方法适应于高校大学生群体，学生只要做到真正理解和掌握知识，就能够在实际学习过程中做到触类旁通。

④变形化的教材化方法

变形化的教材化方法是指改造原有的体育教学内容或体育运动动作，从而形成一种新的体育知识点或动作技巧。这种教材化方法是为了适应教学需要以及当代学生的个体差异化，如"新体育运动项目"就是体育运动一定程度的变形。当教学环境有限或某一动作技术具有一定的难度时，运用变形化教材方法有利于增强学生的适应性，取得理想的教学效果。

⑤生活化、实用化的教材化方法

生活化，是指体育教材的内容与实际生活相关，便于学生在学习掌握之后应用于现实生活；实用化则是指将体育教学内容与实用技能相结合，如与野外化运动和冒险化运动相结合，这种方法更能激发学生的学习兴趣与动力，能够有效调节学生的积极性，提升学习效果。

⑥动作教育化的教材化方法

动作教育化的教材化方法是指提炼体育运动中的理论依据，再通过归纳和总结，对青少年的体育活动或身心发展提出有针对性的教材内容，如较为典型的教育性舞蹈、教育性体操等。这种方法通常适用于低年级的学生，能够帮助他们形成最基础的活动能力，而高校体育教学的基础动作教学可以适当采用此方法。

⑦游戏化的教材化方法

游戏化的教材化方法顾名思义就是将各种体育教学内容用"情境"环节设计的方式展示出来，改变传统教学内容单调、枯燥的特点，让学生能够在轻松愉悦的氛围中边玩边学，增强学习效果。

⑧运动化方式的教材化方法

运动化方式的教材化方法是指以运动原理为依据，为满足学生不同的身心发展需求，对运动的强度、重复次数、速率等因素进行有效的组合和排列从而形成教材的方法，这种方法能够大大提高学生的身体锻炼欲望。

（2）体育教学内容媒介化工作

体育教学内容媒介化是体育教学化的最后一个环节，这是一个以媒介为载体，将教学内容转换为教材形式的过程。体育教学内容媒介化形式丰富多样，如教材、图片、多媒体课件、黑板板书、学习卡片等形式。

①多媒体课件

教师将体育教学内容以多媒体课件形式进行授课，是新技术与教学相结合的一种表现，它是现代教学所常用的一种方式，能够有效吸引学生的注意力，从听觉、视觉等方面达到有效的学习效果。

②体育学习卡片

体育学习卡片是体育教材中的一种辅助性学习材料，是以卡片为载体的一种教学形式。体育学习卡主要起到如下作用。

第一，在体育教学中向学生提供学习信息。将教学内容转变为卡片形式，有利于将其作为一种信息补充资料传达给学生，帮助学生抓住要点、准确掌握概念、快速习得技巧。

第二，在体育教学中对学生思索问题起到积极的促进作用。对于书本中没有明确体现的一些公式、合力、力矩、向心力、离心力、抛物线等概念性的知识点，通过卡片范例的形式展现给学生，能够有效引发学生注意力，让学生更易掌握其中关键要点。

第三，在体育教学中对学生的互相交流有所帮助。学习卡片除了能帮助教师展开教学工作外，同样还能帮助学生解决学习中的各种疑难问题。学生可以将自身在学习中所遇到的难题和困惑以卡片的形式记录下来，与同学或教师开展讨论和沟通，共同解决问题。这不仅利于提高学生发现问题、总结问题的能力，还有助于同学之间、师生之间的沟通和交流，有效培养和提高学生的团队意识与集体荣誉感。

第四，卡片有利于帮助学生正确认识自我。在体育学习完成后，学生可以将自己本堂课的学习心得和感受写在卡片上，对自己本堂课的表现作出总结和归纳，并对此做出较为客观的评价，在下一堂课开始时与之有效结合，增强学习的完整性。

第五，有助于师生进行交流说明。卡片形式有利于师生之间的沟通，当学生在课堂发现一些疑问或问题时，或对教师有一些建设性意见时，都可以将其写在卡片上，便于老师对此形成一个整体的了解，从而做出针对性的改善，有效提高教学效果，同时，还促进了学生与教师之间的情感。

第六，对学生在课中进行自学有所助益。相比于其他学科，体育学习自学的机会要多得多，所以卡片作为一种重要方法，就成为自学过程中有利的学习工具，能够有效弥补教科书中的不足之处。

四、高校体育教学内容的发展

（一）高校体育教学内容的发展现状

从我国现阶段的发展形势来看，我国高校体育教学内容的发展状况体现在以下几个方面。

（1）从全国来看，高校体育教学内容的数量正在不断被精简，而难度也在日益增加，这主要表现在各种体育运动项目的动作结构愈加复杂，不仅对学生的学习能力提出了更高的要求，对教师的教学素质也相应地提高了要求。

（2）体育教学内容仍然注重动作技术和技巧的完成度，即重视"练"，而不少运动项目的趣味性被忽视，无法充分发挥运动项目的优势。

（3）我国体育教学虽然起步较晚，但是发展速度较快。我国竞技体育在国际体坛中占据了越来越重要的位置，这使得我国各个高校在进行体育教学时，纷纷以竞技体育取代传统体育教学内容，不仅符合当下社会发展的新型体育教学内容，而且让体育教学更加规范化、科学化。

（4）随着国家对体育教学的重视，在体育教学中所需要的各种运动器材也更加正规化。

（二）高校体育教学内容的发展趋势

高校体育教学内容的发展趋势可以大致归纳为以下几个方面。

1.充分考量终身体育目标的要求

高校是教师教导学生形成终身体育理念的重要场所，也是使学生具有终身体育概念的关键时期。终身体育目标的形成取决于学生的学习态度、掌握体育知识的程度等，所以在体育教学中，教师应当更加注重体育的文化性和娱乐性传递，将其贯穿体育教学始终。

2.学生价值主体受到的重视程度越来越高

传统的体育课程教学都是一切以教师为主体，主要通过教师不断地"灌输"知识来完成体育教学。在选择体育教学内容时，也多以教师对教学内容的价值取向为主来选择，学生在所有环节中都处于一种被动地位。随着文化的不断提升以及教育的不断改革，国家和教育工作者开始意识到学生作为知识接受者才是课堂教学的主体，所以在进行体育教学内容选择时，学生的价值取向被逐渐重视。

3.更加注重教学主体发展的全面性

当前体育教学注重学生的全面性和综合性发展，其中尤其强调学生的素质教育。在选择体育教学内容时，学校具有重要的责任，其选择内容不仅要符合国家素质教育的要求，还要与当代学生不同的身心状况相结合，这样才能真正实现学生的全面发展。

4.不断引进民族特色项目

在各种现代体育运动项目不断受到重视和发展时，我国一些具有独特色彩的民族传统体育项目也需要适当地引入高校的体育教学中来。我国民族传统体育运动项目不仅具有健身价值，其独特的运动形式也更能彰显其趣味性，更易受到学生群体的青睐，同时，也更能促进学生对我国体育发展史的了解，增强学生的民族认同感。

五、高校体育教学内容的改革

体育教学改革是高校体育教学必须认真对待的一项教学任务。随着高校体育教学改革的不断深入，教学改革成效逐渐显现。通过对教学改革内容进行总结，得出以下四点启示。

（一）体育教学改革必须结合学生的特点和兴趣爱好

体育教学改革的主要目的是帮助学生进行体育运动，因此教学活动必须围绕学生开展。高校体育教师要想实现预期的教学目标，就必须结合学生的特点和兴趣爱好来开展体育教学活动。只有建立在这一基础上所开展的课程教学，才能激发学生参与体育学习的积极性。这有助于改变高校体育教师在教学过程中过于重视实践的错误倾向，帮助高校体育教师以客观理性的态度对待教学活动，教学过程中要兼顾培养学生的专业技能和体育综合素质。教师要借助趣味性、探索性的体育训练项目，激发学生自主学习与训练的兴趣，帮助学生形成自主性体育训练思维，从而高效地开展创新性体育学习活动，帮助学生将体育学科作为终身发展的学科，全面增强学生学科核心竞争力。

（二）课程设置要紧紧围绕促进学生身心发展

高校进行体育课程教学改革，对于课程设置要予以高度重视。高校要紧紧围绕促进学生身心发展开展各项教育改革活动，根据各个年级学生的学习特点，灵活设置不同的教学内容，以培养学生的终身运动习惯和强健体魄为目标开展各项教学活动，引导学生积极参与体育运动，感受运动带给自己的快乐。如此，他们才能更加积极地参与到教学改革活动中来，借助参与运动逐渐形成终身运动习惯。

（三）要认真编写教材

尽管体育课非常注重实践，但是在对学生进行教学的过程中依然需要进行大量知识的讲解。认真编写体育教材，将健康教育和体育运动过程中的注意事项等借助教材传授给学生，对于促进体育教学改革的不断推进具有重要意义。高校要重视体育教材的编写工作，深入对学生体育运动的研究，结合国家对高校体育教学的指导意见，编制适合学校体育运动活动开展的教材，帮助学生更加系统全面地进行体育知识学习。体育教材编写工作对于促进学生综合素质的全面提升有很大帮助，高校体育教师要对此项活动予以高度重视。

（四）增加体育教学投入

高校如果将体育考试融入当前的分数体系中，可以激发学生和学校对体育教学的热情，引导他们重视体育教学。体育考试项目改革后，部分高校适当改善了体育教学现状，扩建操场，添置体育器材，甚至建设游泳馆，这足以看出高校对体育教学的重视，但是仍有部分高校由于资金短缺，体育设施和内容建设缺失。因此，国家与政府应给予学校一定的帮助，带动教育的全面发展，提高教育效果。例如，在学生上体育课程的过程中，通过设备测量学生的心跳、脉搏以及心率等，根据学生的身体素质设定对应的训练项目，使得体育教育具有一定的科学性，进一步提高学生的身体素质。

高校体育教学改革，需要特别关注学生的身体素质和体育专业技能，以理性的态度对待学生的个体差异，只有在此基础上开展体育教学改革，才能取得理想成效。体育教师要引导学生积极参与到各项健身运动、活动中来，引导学生积极参与学校举办的各种趣味运动和体育比赛，提高学生的参与意识，激发学生对体育运动的兴趣。只有教师在教学过程中落实对高校学生的有效引导，帮助大学生适应高校体育教学，积极参与教师组织的各项体育教学活动，才能促进高校人才培养质量的不断提升，使学生养成终身体育锻炼的良好习惯，为学生的全面发展打下坚实的基础。

第二节　高校体育教学改革面临的问题

一、教学反馈评价的片面化

现阶段的高校公共体育教学在一定程度上还在受传统教学观念的影响，在大多数体育教师的课堂教学中，教师通常会围绕体育教学任务和课堂教学目标开展体育知识的传授。在实际的高校体育课上，灌输式的教学模式导致了体育课程达不到充足的灵活性，造成了教学反馈评价的片面化。单一式的体育教授，也无法体现出高校学生在体育学习中的主体地位，使教师与学生间构不成良性的学习互动。通常来说，在高校公共体育课的教学过程中，教师会通过学生的课上表现，了解学生的现实体育水平和运动负荷强度，以此来评定学生的体育学习状态，这种只凭借学生课上表现来观察学生体育教学的判断，在一定程度上忽视了学生的个人身体状态因素，教学活动强度也不能适应部分身体状态差的高校学生，使得体育教学的反馈评价片面化。传统体育教学的教学观察评定形式，使得高校公共体育的教学反馈评价片面化，缺乏相对的准确性，还会对高校学生体育活动的开展造成安全隐患，不利于公共体育教学的顺利有效开展。

二、教学内容原理的抽象化

体育是高校学生学习的必修科目，体育学科课程的设置不光是为了让高校学生们掌握体育知识原理，也对于高校学生的身心健康发展起着关键的促进作用。体育课程的有效开展能够使高校学生从繁杂的知识学习中暂时解放出来，以轻松愉快的心态开展体育锻炼，并在体育训练中提升自身的体能实力。学习技能的前提是了解知识原理，学生在深化理解原理知识的前提下再开展方法技能的学习，会是相当有序的学习步骤。通过提前预习的方式，可以充分便利高校阶段学生群体的技能学习。

但现阶段高校公共体育的传统教学，学生在课前对体育学科课程的知识原理认知和探究并不充足，也由于体育学科自身的实践性能以及教学内容原理的抽象化，使得学生不能直观地理解教师在课前布置的预习内容，也不能够很好地以预习的形式开展教学活动。因此在传统高校公共体育的教学中，教学内容原理的抽象化是阻碍学生体育综合实力提升的显著障碍。体育学科教授方式的单一结合着教学内容原理的抽象化，也使得高校学生体育学习的内容和技能方法固化，无法有效地提升自身的综合体育素质，无法推进高校体育教学又好又快地发展。学校和教师对高校学生体育学科的重视程度低，使高校体育课堂不能有效地开展。我们必须针对现阶段高校体育教学的情况开展分析，并根据高校学生实际情况及运动能力制定教学目标，消减教学内容原理的抽象认知，帮助学生充分参与到体育课堂中。传统的教学理念也导致高校体育教育达不到理想的教学效率，学生在体育教育活动中，没有办法针对体育学科的要点自主开展学习和探究，也深化不了自身在体育实践中的技能体验。高校学生没有自主探究体育知识和自觉开展体育运动的习惯，不仅为高校学生体育学科的能动性造成不良影响，也会在一定程度上制约学生体育综合能力的提升，达不到当代教育对高校学生提出的全面发展要求。

三、教学气氛环境的标准化

高校学生也有着文化学习以及应考机制的压力，因此高校体育学科的教学环境是相对固定和紧迫的。部分高校会在一定程度上忽视了学生的体育教学，甚至会出现交换体育课程或挂名体育的现象，这种忽视使得高校体育教学的知识教授随意化，无法实践和落实体育教学的项目内容，高校体育学科的课程教学效率也不能达到理想的水平。往往在教学活动中，会以教师为教学中心传授体育文化知识和技能，然后学生通过讲解和示范开展技能练习训练，这样的长期教学使得体育教学转向表面化，导致了高校体育的教学流程相当固定，也造成了教学气氛环境的标准化。标准化的教学环境，不仅让高校学生无法深入了解体育教学活动的内涵意义，也无法掌控体育学科的技能方法，甚至会出现对体育课程的抵制情绪。这样体育教学的能效性极低，不能符合新时代对高校体育教学提出的发展要求。

这样的教学模式使得高校公共体育教学的气氛环境标准化，很难保持学生的学习兴趣和积极能动性，不仅教学效果不突出，高校学生的体育知识学习水平也得不到明显提升。高校体育教学气氛环境的标准化，导致了高校学生在学习过程中无法充分地表达自身的体育思维，体育教学也无法准确观察学生在体育活动中的身心反应，教学活动的强度调整也不能够很好地适应学生的自身体育思维和体育需求，因此学生对体育的学习能动性就发挥不了积极作用。传统体育教学固化的教学气氛环境，也无法从本质上提升学生的健康身体素质，在一定程度上阻碍了高校学生良好体育意识习惯的养成。高校体育教学形式的传统落后，使得体育的教学开展具有机械重复性，体育学科的课程训练和体能的强化模式也几近相同，活跃不了体育课堂的学习气氛。

四、高校大学生体育设施配置方面的供需矛盾

目前高校大学生群体参加体育活动的形式多样，他们对体育场馆、设施的要求各不相同。在体育设施方面，大学生希望能够增加活动场所，更新活动设备等。一些学校活动经费有限，改善或者更换体育设施的成本较高，面对体育设施老旧难以满足学生体育活动等问题，他们也没有合适的解决方案。另外，不少大学生提出，他们在参加体育活动时，总是遇到等待时间较长的问题。体育场馆中心表示参加体育活动的大学生较多，只能通过排队的形式安排场地和体育设施等，这种排队等待体育场地或者体育设施的情况，容易呈现不良排队现象，如学生 A 为

了确保有体育场地或者体育设施，往往会找相对空闲的学生 B 帮忙排队，提前开出场地空放着，让学生 A 过来。这种现象对体育活动的其他参与者极为不公，是体育资源变相浪费的一种情况，是一种不良的排队行为。因此，高校场馆中心应当提高体育设施的智能化程度，为学生提供预约服务，确保体育活动的公平、公正。

第三节　高校体育教学创新问题的思考

一、体育宏观管理体制的改革

国家体育总会下面包含了多个下属组织，而高校校际体育联合会就是其中的一个，它的职责主要基于国家教育部的正确领导，对我国学校与学校之间不同类型的体育相关交流活动进行承办。在现阶段，虽然和"大学生体协"一样，高校校际体育联合会是属于同样的管理层，然而，后者作为一个实体的存在，是相对独立的，前者与后者之间的差异性是始终存在的，高校校际体育联合会在国家体委直接的、宏观的、单独的指导下开展工作。从本质上来讲，此种方式借鉴了西方的分权型体制，但是，还是有一定的差异之处存在，即在我国行政部门宏观调控下保证了高校校际体育联合会所办活动的顺利展开，避免了泛滥的分散主义现象，此外还加强了政府的决策职能、咨询职能、监督职能、信息管理职能等。

二、关于体育微观管理体制改革问题的思考

我们这里所探讨的体育管理体制改革，一般是指在我国高校校内管理体制中存在的一系列改革活动，通常会把多个方面的内容包含其中，如教材选编、教学程序、场馆管理、教材选编等。

（一）建立开放性的体育教学秩序

对于学生的上课方式而言，能够发挥出决定性作用的是体育管理的传统体制。以前学生上课的方式主要是行政班级编班的形式，没有重视学生的个体差异性，

在一定程度上使学生的个性发展受到了压抑，从某种程度上分散了体育教师的研究力量，从而制约了体育教学质量的提升。

如果想要形成开放式的体育教学体系，那么建立"单项运动协会""俱乐部"等运动组织形式是很好的选择。将学分制度全面地在学校范围内实施，也就意味着在体育教学固定的课堂时间内，学生能够对体育运动项目自主地进行选择，进而能够使学生的不同个性需要得到满足，在这样的情况下，还能够在一定程度上促进不同行政编班中学生与学生之间的互动交流；此外，还能够使得体育教师的特长得到一定程度的发挥，对于体育教师积极性的提升也有一定的作用，并且能够极大地提升体育教师的教学能力与教研能力。

（二）改善体育教师的结构，提升体育教师的专业技术水平

其一，在体育教学发展的开放式环境中，对于"单项运动"体育教师的聘用与培养应该加强重视，使得具有较高水准与过硬技术的一支体育教师队伍能够有效建立。其二，应该适当地同其他专业的教师进行配合、联合。对于体育教学而言，需要同其他的专业学习联系在一起，如管理、电教、医学等，而不是仅仅限制在体育专业上的专业知识教学。因此，优化体育教师队伍的首要条件就是建立合理化的体育教师结构。

（三）强调学生的主体性作用，强化学生的管理参与意识

把学生制约机制向"单项运动协会"与"俱乐部"管理中引入，促进学生的积极参与。对于某一位体育教师教学水平的判断，学生是最有发言权的，因此，应该由学生代表来负责其一系列的监督工作，建立起学生的制约机制，有效地提高体育教学水平，同时，还能够在一定程度上促进学生主体意识的建立。

（四）积极开发高校的体育市场

近些年来，伴随体育社会的蓬勃发展，体育市场逐渐出现在人们的视野中。随着人们体育意识的逐渐增强，社会理想也逐渐被引入体育的发展中，呈现出广泛参与的态势，为学校体育市场的开发创造了有利的条件，需要注意的是，此种条件是多方面的，即：（1）劳务市场；（2）人才市场；（3）开发体育科技市场；（4）开放体育场馆，从而提升体育场馆的综合利用率。

第四节　高校体育教学改革发展策略

一、优化评价体系

高校的首要任务是培养人才，切实且完备的体育教育质量评价体系是高校培养出高素质体育人才的有效手段。本节以新时代教学观和发展性教学质量评价的概念为基础，结合客观、完备、科学的评估原则，并结合国外世界强校先进的经验，提出针对性的优化措施。

（一）革新评价目的理念，促进师生共同发展

高校体育教育随着社会和学生需求的变化而转变，而与之符合的教学质量评价体系也应当不断革新，坚持做到与时俱进。新时代教学观要求高校树立在全面发展的新时代培养体育人才的理念，体育教学质量评价要通过对教师的"教"和学生的"学"进行综合评价。不仅要评价体育教学的效果，而且要评价体育课堂教学的过程。"发展性教学质量评价"十分注重体育教师的职业素养发展和专业教学技能的水平，鼓励体育教师积极参与体育教学质量评价，并以沟通、协商和讨论的形式融入整个评价体育教学质量的过程中，最终形成一支高素质的体育师资队伍。高校在确立体育教学质量评价目的时，需把新时代教学观理念和发展教学评价理念充分结合，虽然不排除奖罚制度的作用，但其根本目的应在于提高体育教学质量，不断促进体育教师和学生的全面发展。高校应与新时代的评价理念相符合，以体育教师专业化发展为中心，通过实施体育教学质量评价体系，促进体育教师职业能力和教学质量的全面提高。高校需要不断改进和完善评价体系，才可以驱动体育教学质量的发展和提高体育人才的质量。

（二）扩宽评价内容指标，注重学生的评价

体育教学活动不同于其他学科的教学，它是由理论课与实践课两种形式组成的教学活动。高校体育教学质量评价内容主要包含体育理论课的课堂基本规范，没有涉及学生对体育场馆、体育器械、体育行政服务、体育教学质量的整体满意

度以及自我体育教学评价，现有的评价内容没有凸显出的高校对体育人才培养目标和体育教育教学特点。高校在设置体育教学质量评价的内容时，应改变以往的单一评价内容，只有与新时代的体育人才培养理念相吻合，才能促进体育人才的全面发展。新型体育教学质量评价体系开始逐渐重视多元评价内容，这表明评价的内容开始改变，新的评价标准、内容已开始被添加到新类型的体育教学质量评价体系中。除了评估的体育理论课程，如教学态度、教学方法、教学效果等显性"体育教师教"的评价内容，也有诸如包括实践体育课程评价内容，如学生的参与意识、社会适应能力和体育教学质量满意度等隐性"学生学"的评价内容，这些也已开始包含在评估内容中，体育教学效果的评估不再是对课堂体育知识的单一评估，而应培养符合新时代所需体育人才的评价观念。通过更新的评价理念，完善现有的评价内容，以师生共同发展为最终目的，旨在提高高校体育教学质量，培养出具有社会竞争力的综合型体育人才。

（三）完善评价主体的多样化，加大学生和教师评价比例

高校应该在新时代教育评价理念基础上，改变原有教师评价方法，将原来的被动地位转化为主动参加体育教学质量评价活动。它既能帮助体育教师不断思考自己的教学过程中的不足，也可以从多个角度分析体育教学反馈信息，有利于更加全面、客观、科学地评价体育教学，是改善体育教学和提高体育教学质量的有力举措。

高校体育教学质量评价体系应当进一步完善，尤其是在评价主体上需要将学生、教师、同行、督导、专家都纳入评价体系中，其中学生评价和教师自评的评价结果占据主要比例，同行评价、教学督导和专家评价的评价结果相对于前者起次要作用，但各个要素要发挥各自优势，实现互补评价。采用多样化的评价方式，而不必局限于一种类型，可以通过结合定性和定量的方法对体育教学质量进行综合评价。例如，体育教师设置课堂问卷调查表针对自身教学情况，可以知道学生对本堂课教学的重难点和易淆点；通过课下针对学生们提出的难点和易淆点，记录教学工作并进行思考、反思和总结，及时调整和改进体育教学。针对学生体育课中体育馆和运动器材满意度的问题，评价主体可以利用业余时间与学生交谈，以了解体育教学运动馆和器械的使用情况。高校教学处运行管理科相关人员在对评价结果进行统计时，综合对体育教学质量评价中的"五位一体"评价结果的考察，强调体育教师自评的重要性，合理分配各个评价主体占的比例分数，使评价结果更加科学且全面。

（四）组织多元化评价方式，构建科学合理评价过程

高校在实施体育教学评估过程中，评价方法固定且单一，教学督导委员会和专家采用随机听（看）课的评价方式；学生在学期末通过在线系统对体育教学质量进行评价。体育教学是一个复杂的、动态性的和系统的活动过程，评价结果无法通过总结评估来实现，现有的评价方式不能科学、全方位地对体育教学质量作出评价，应进行调整以使其更加多样化。高校丰富和优化评价方法时，应根据不同的评估对象，建立合适的评估方法。第一，学生评价，将形成性评价和总结性评价相结合，表面上看可以诊断、筛选和汇总体育教学反馈信息，内涵上促进体育教学质量的提高。例如，高校可以组织学生以期中和期末相结合方式实施体育教学质量评价，并让体育教师参与问卷的设计，根据培养体育人才的方向制作调查表。学期期中体育教学质量评价，主要是使体育教师了解半学期自身在实际体育教学情境中的缺点和不足之处，可以对日后的体育教学及时进行调整和改进。第二，教师自评，高校应定期组织体育教师的自评。体育教师可以利用自我评估的多种方法，如采用课堂问卷的形式，获得学生的第一手体育教学反馈信息；或通过寒暑假学习体育领域的高级知识来提高体育专业素养；教师可以通过定期观看优秀体育教师的课程来改进体育教学方法，并定期写体育教学日记反思体育教学。第三，对于同行、领导者和专家评价，高校教学处应组织他们参加定期的听（看）课，安排一定数量的任务，并在学期末检查他们是否达到听（看）课标准。

（五）健全评价反馈机制，充分利用评价结果

健全评价反馈机制是评估主体和评估对象之间进行交流与沟通的桥梁，只有及时且有效地将评价结果反馈给体育教师，才能提高体育教师的教学能力和水平质量。高校评价结果的反馈形式较为单一化，学生、同行、督导和专家的反馈形式先汇总到教务处，经整理统计分析之后，体育教师通过教务系统网上评教，登录即可查阅评价结果。这种反馈机制没有时效性，阻碍了体育教师发现体育教学过程问题和不足，不能及时做出调整和改进体育教学。每个评估主体和评价对象之间应建立相应的反馈表，听（看）课结束后，用于同行、教学委员会成员和专家的反馈表应立即递交给体育教师并说明评估结果。体育教师可以从中了解体育教学过程中自身的优点和缺点，通过评估的结果和个人见解，反思体育课堂和整顿体育教学。为了保障评价结果的及时性和真实性，学生信息员可以"在线收集"

学生反馈信息，课下及时将信息整理给授课体育教师，体育教师课后根据学生意见加以改善，以更好地提高体育教学质量；高校体育学院应定期组织体育教师参加研讨会，相互之间教学讨论、交流和学习。

高校在实施体育教学质量评价体系时，至关重要的是怎么分析和利用评估结果，这是体育教学质量提升的牢固根基。通过分析韩国首尔大学对体育教学质量评价结果的利用，我们可以学习：首先，建立将体育教学质量评价结果与学生选课系统联系起来的平台，使评价结果为学生选课服务，有利于吸引学生参与评价和关注评价，也可以提高评估结果的利用率，更有利于更全面收集体育教学质量的评估数据。其次，构建体育教学援助中心，为体育教师专业发展铺平道路。高校将评价结果反馈给院系和教师本人，院系领导和体育教师自身会改进体育教学，仅局限于体育教学过程中不足的认识与思考，体育教师的专业能力发展得不到量的变化和质的提高，缺乏体育理论的系统化、科学化的指导经验。然而，建立体育教学援助中心是改变这种状况的有效方法。体育教学援助中心的主要工作是为体育教师的专业发展提供广泛的支持和服务，如教学技能的培养、课程设计、教育技术的运用、反思实践能力的训练等。使用体育教学质量评估结果，和体育教师携手在实践中共同摸索和开发优质的体育教学作品，聚焦在强化体育教师术业和专攻的训练上，助力鞭策体育教学质量的提升。

二、体育教育与思政教育融合

（一）高校体育教育融入思想政治教育的元素

1.体育教师要提高自身政治素养

教师在课堂上主要引导学生开展教学活动，因此，教师只有具备一定的思想政治素养，才能够在教学中培养学生的道德品质，如果一个教师连最基本的职业道德都不具备，如何做到教书育人。教师只有通过不断学习提升自身理论知识和政治素养，时刻关注最新的实时动态，了解国情和国家新战略，才能以先进思想文化引领学生。

2.做好高校体育教学大纲的顶层设计

教学大纲作为体育教学设计的纲领，是教师教学设计的重要参考依据，也是教学大纲文件的要求。把思想政治教育内容纳入体育教学，首先要解决的问题是修改教学大纲。明确教学大纲中思想政治教育的内容，应明确评价要求，分解细化具体任务，确保体育教师在教学大纲的指导下，将思想政治教育融入其中。一方面，体育教师要明确教育部推进的"课程思政"教学方针；另一方面要充分挖掘体育教材中的思想政治教育材料，在教学过程中实现爱国主义教育和集体主义教育的道德情感目标。

3.创新教学内容，丰富教学手段

高校体育教材中大量的思想政治教育资料，为思想政治教育在体育课程中的渗透提供了有利条件，体育教材通常以实际案例作为思想政治教育的内容和知识点，因此，老师要充分全面挖掘、分析教材，找到切入点，丰富教学手段，才能够找到体育教育与思想政治教育的最佳切合点。大学生对于新鲜事物敏感性强，在学习过程中处于主体地位，教师在分析教材时要考虑当代大学生的身心特点，既要遵循学生的认知规律，又要遵循道德教育规律。

4.建立高校体育思政教育评价体系

据调查，高校体育教学评价体系有明确的评价体制和评价指标，主要依据学生的评价结果和技能学习情况进行评价。然而，学生德育价值观的培养容易被忽视，导致体育教学中德育目标的弱化。因此，要在体育课程中实施"课程思政"教育改革，必须在教育评价中纳入德育评价考核内容，通过优化细则，量化考核指标，使教师重视体育教学的思想政治教育内容，积极主动探究教学中的情感与价值观因素。

（二）发挥课余体育活动对体育教育与思想政治教育的融合作用

1.加强大学生课余体育锻炼中的自我教育

课外体育活动是体育教育的补充形式，是大学生学校生活不可缺少的一部分。目前高校体育课程通常情况下是每周一次课，在课堂交流学习的时间非常有限，虽然体育活动是体育教学的延伸，但是又不同于体育课程的安排。课外体育活动的局限性小，对时间和空间的要求低，以学生的兴趣爱好为主，强调学生的自主性。通过课外体育活动，有助于增强大学生的身体健康，拓宽人际关系，缓解生活压力。大学生通过积极参加课外体育活动，可以实现健康成长和全面发展。

2.提高大学生参加课余体育活动的积极性

课外体育活动比体育课程的优势在于它不具有约束力。体育课程有课堂纪律和教学任务的要求，而课外体育活动具有灵活性和多样性的特点。大学生可以根据自己的兴趣爱好选择活动，参加活动的时间因人而异，有课余时间就可以参加，没有强制性的约束。因此，学校要通过多渠道为大学生参加课余体育活动提供平台，指引学生走出宿舍，走进运动场，从而为大学生的思想政治教育找到新的传授途径。

3.课余体育能够使大学生更明确地认识自我

课余体育活动的组织与开展多为学生自发组织，参与体育锻炼的学生来自不同的学院、不同的专业，通过共同的兴趣爱好聚集在一起，能够结交更多的朋友，收获真挚的友情。在锻炼过程中结交朋友，通过相互的交流学习，学生能够认识到自身的优缺点，学到处理人际关系的技巧，正确地认识自我。课余体育活动也是检验个人意志品质的机会，由于课余体育活动不受约束，大学生能够坚持参加体育锻炼是他们意志品质的体现。喜欢才会坚持去做，当学生的体育锻炼兴趣下降，无法坚持下来，大学生就需要通过自我调节，建立自信心和进行积极的心理暗示，从而能够提高自我意志力，使学生明白自我的需求，认识到自身的不足。

综上所述，课余体育活动为大学生的思想政治教育提供诸多有利条件。通过课余体育活动养成自我教育、自我批评的习惯，大学生能够主动从自身寻找原因，便是及时的开展自我思想政治教育，能够学习他人的特长，弥补自身的不足，这就是课余体育活动给大学生带来的思想政治教育成果。

（三）在体育教学中融入思想政治教育的有效途径

1.加强校园体育文化节的建设

校园体育文化是宣传体育知识、体育竞赛和体育精神的重要途径。作为一所大学，有必要创建一个属于大学的校园体育文化节，通过体育文化节宣传鲜明的时代精神和创新精神，要充分发挥学生体育社团的影响力，鼓励学生积极参与体育活动，把体育社团活动纳入"课程思政"教育体系。举办相关的体育活动，如体育嘉年华系列体育比赛、体育知识竞赛、校运动会等体育活动，为喜欢体育的学生提供自我展示的舞台，同时注重校园媒体的宣传报道，将体育活动及时翔实地进行宣传，充分挖掘学校体育文化活动中的先进事迹作为思想政治教育资源，有效开展思想政治教育工作。

2.发掘体育教材中的思想政治教育因素

要把思想政治教育渗透到体育教学中，首先要探索体育教材中有关思想政治教育的材料，需要体育教师在做课程设计时找到适合当代大学生身心特点的素材，做到因材施教。体育教材内含丰富的体育理论知识、动作技术要领、体育名人成长史等，学生可以通过学习体育理论知识了解保健常识和学生动作技术要领，在今后参加体育锻炼时注重劳逸结合，养成体育锻炼的习惯。当教师讲述体育名人成长史时，学生都会投来羡慕的目光，同时联想到自身的成长，会对他们在今后成长中遇到的困难增强自信心，明白想要取得成功并非轻而易举，需要通过付出辛勤的努力、刻苦的训练，从而使学生建立勇于拼搏的意志品质。

3.教师以身示范，用人格魅力感染学生

"学高为师，身正为范"，在体育课上，老师的一言一行都会直接影响到学生，因此，教师首先要从自身做起，注重自身的言行举止。教师的思想政治水平和品德素养，会在教学过程中潜移默化地影响到学生，只有教师具备崇高的人格魅力和深厚的学识才能让学生信服。因此，教师要以身作则，不断加强自身思想政治素养，做个德才兼备的引路人，才能在教学中取得令人满意的效果。

4.组织体育比赛

体育竞赛已成为大学生活中不可缺少的一部分。篮球、足球、乒乓球、羽毛球等竞赛每年都举行，可以培养学生道德素质和意志品质，在比赛过程中学生达到增强体质的目的。另一方面，可以训练学生自觉遵守比赛规则，养成遵纪守法的道德观念。即使不能上场比赛，通过观看赛场上同学们的比赛感受到同学之间协同作战、默契配合的重要性，为大学生树立竞争意识、团队意识、公平意识理念，从而达到在思想层面上学生能够形成自我教育的过程。

5.运用榜样效应进行思想政治教育渗透

榜样就像人生导航的坐标，当人迷失找不到自我，或是面对压力无法承受时，它会给我们带来曙光和希望，引领我们继续前行。体育明星是无数学生的榜样，有篮球明星姚明，有羽毛球传奇林丹，有国球神话张怡宁等，这些既是国家的骄傲，同时他们也是大学生的榜样。充分发挥体育名人的榜样作用，是思想政治教

育的一种教学方法。体育明星不仅在体育比赛中成绩斐然，为国家争光，更是人们处事的楷模，他们有很强的影响力。在教学中，体育教师根据教学内容和教学形式，向学生讲解体育名人的生平事迹和成就，为学生树立正确的榜样价值观，学生在榜样的力量感召下，将逐步培养起良好的道德品质。

6.拓宽学校体育文化宣传途径

在大学生的日常生活中，能接触到体育比赛的途径非常多，可以利用课余时间去观看学校组织的各类体育比赛，比如校园篮球争霸赛和"安踏杯"水泥篮球赛，学生不一定要亲自参加比赛，通过观看篮球比赛，体会到运动员通过相互配合、努力拼搏赢得比赛的精神，这有助于大学生对合作精神的认识，也有助于促进大学生的思想政治教育。学校可以通过展板、黑板报、校园LED等媒体对比赛进行宣传报道，让更多的大学生能够欣赏到精彩的体育赛事和体育人物的励志传奇人生，以帮助大学生更直观地认识相对抽象的思想政治教育概念。因此，在体育教学过程中，体育教师应经常与学生进行体育文化知识的交流，以丰富大学生对体育精神和体育文化的认识。在大学生的日常生活中，学校需要加强学校文化宣传途径，让大学生有更多接触到体育文化的机会。

三、优化在线教育资源

"中国大学MOOC"这样的在线资源教育平台既是线下成果的承载物，又是号召、规划线上教学的先驱。线下体育学科知识建设与线上运营推广要达到相匹配相协同的进度，可利用平台现有功能，通过建立线上师生文化社群、加强线下校内宣传等手段，强化师生自主、自愿在平台上学习知识、了解信息及研究成果的主观意愿。要从根本上改变学习者的眼光、规划学习和自主学习的方式，应更好地利用平台在线资源辅助达成自我目标；同时需要瓦解助学者思想的桎梏，让他们更加愿意站在发展体育学科知识体系的宏观角度，与广大师生分享自主研发的优秀教学成果。

（一）建设高校体育在线教学资源库

1.助学者职能加强

提升体育在线教育资源信息在高校体育教学和科学研究中的渗透力，重点在于提高高校体育教师队伍建设水平，即平台助学团队对教育资源的整合能力和对现代信息技术的应用能力。中心思想是要坚持以信息技术为驱动，找准高校体育教育资源在网络媒体的发展目标与定位，发挥在线教育技术在高校体育教学中的潜力与效用。

为保障学习者在平台的有效学习，平台课程知识库的创建和丰富将是优化线上教学资源的一大重点。术业有专攻，在目前阶段，大部分助学者难以成为既精通本专业学科知识内容又熟悉网络技术的综合型创造人才，所能借鉴的将这两个领域有机融合并加以应用的典例与经验目前也较为贫乏，所以他们和专门的网络技术人员对接则成为重中之重。可以说，平台助学者并不是由单一的学科专才来扮演，而应该由高校体育学科学术人才与平台网络技术专员来共同演绎，我们在一个共通机制下良好配合、各施其能。

2.资源库建设原则

高校体育资源的网络信息化建设与优化升级，不是把现有的纸质或模拟教材简单粗暴地转化为网络视频教材，也不是把各种教学电子数据和数字教育资源随意放到网上。相反，要认真考虑学习者体育课程学习和高校体育教师体育课堂教学的实际需要。在资源内容的选择和制作方面，需要根据教学内容进行精心设计和部署，如利用数字建模、视频等功能，在实际的体育课堂上模拟学习和练习特定技术动作的全过程，并根据教学主题和教学模块，组织和呈现该网络教育资源。同时考虑学习者在学习、实践中可能衍生出的不同特点与需求，可据此提供相关拓展阅读材料，为学习者提供一个真正的线上与线下、课内与课外相结合的学习平台。

助学者在整理体育学科知识信息时，应严守学术界知识整合原则，并严格按照统一的标准和格式进行，符合规格的知识、课程体系才可以将其批量上传至学习平台。另外，在知识库的建设过程中应重点明确用户需求，结合实时信息，根据体育学科知识体系结合热点需求上传、更新知识库，维系专业、实时、优质的知识环境，实现慕课平台有用、好用、耐用的服务属性。

（1）以学习者为中心的原则。这一原则关系到资源整合的受众。高校网络体育学习资源的整合应坚持为学习者的发展服务。根据目前高校学习者的特点，重点对学习者的学科专业、学习兴趣和能力培养进行研究，使学习者真正享受到优质的学习资源，得到高质量、多形式的教育。

（2）科学准确安全的原则。这一原则关系到整合网络教学资源的内容和主权。在整合学习资源的过程中，助学团队要坚持对学习者负责的态度，严格审核和控制资源内容，保证课程内容的科学性和准确性。当学习内容涉及外国政治、历史、地理，尤其是人文地理时，更需要严格控制。原则上不设计、不上传涉及教育主权、国家主权和民族利益，违反社会主义核心价值观的教学资源。

（3）目标一致、自用的原则。这一原则关系到整合网络教学资源的目标定位。不同高校在培养目标上存在一定的差异。在整合网络学习资源时，要关注高校的实际情况，考虑不同课程目标的差异。可以通过多种方式，做到"取其精华去其糟粕"，使整合后的网络资源与本校培养目标相一致，努力使学习资源趋于本土化。

（4）整合互补原则。这一原则关系到网络教学资源整合类型和层次。不同高校的体育学科层次不同，培养目标和过程也不同，这使得助学团队难以将各种网络学习资源与高校现有课程体系精确整合。因此，高校在整合体育线上教学资源时，应建立适合本校的体育资源分类体系，在提供完善的学习支持服务的基础上，结合线上线下混合学习进行本土化转型，让学生在广泛的优质学习资源中获取知识，同时解决在线教学资源不足，形式和内容等难以满足大多数学习者需求的问题。

3.明确盈利模式

要想保证平台线上体育教学资源具有高精尖专业质量并持续更新，只对涉及的体育学科学习者、助学者及相关网页维护人员进行精神文化方面的宣传是远远不够的。要保持平台本身及用户群体在线上体育学习中的"活力"，需要大量的人力物力支撑，需要宏观、成体系的管理制度以部署和协调平台组织架构和充足的资金以驱动各部门运作，仅有体育工作者意识形态上的意愿，很难在长期维度上达到理想的维系效果；在响应人群方面来说，在各高校内部的宣传所能辐射到的人员范围较小，物资方面也较难调度和协调。此时平台运营商则可与各高校体育线上教学资源研发团队达成协商，考虑联合政府，出台网络教育平台管理政策、人员激励政策、市场投资扶持政策等有关文件，建设与完善网络管理体系，使网络教育领域逐渐走向标准化，为相关体育工作人员争取营运和效益上的闭环；也可考虑联合教育部，根据体育学科的具体要求并结合当下高校体育教学资源库储备情况，下发平台信息更新、更替的指导文件，辅助引领需上传的知识主题方向与量级；再考虑灵活借助市场力量，更新人才需求条件，持续壮大平台的网页设计、技术运营和技术维护等专业性工作团队。

4.重点保护知识产权

对"中国大学 MOOC"平台本身的优化而言，是要注重对知识获取权益、学者隐私等方面的管控。平台可通过法令、平台系统信息安全设计、网络监控系统部署、维权宣传等手段规范和约束用户在线行为，净化平台交互环境，坚决维护知识产权；可在平台界面开设监督、举报入口，或为用户维权提供绿色通道，同时予以维权信息反馈者和打击侵权行为者一定的物质奖励。只有平台使用环境的安全可靠和持续稳定，才能换来助学者源源不断更新知识信息的动力和学习者良好的应用体验。

对知识传播而言，在"中国大学 MOOC"上所呈现的课程资源虽然面向全社会公众且浏览无须付费，但资源创作和上传者及平台助学者在整合知识的过程中，仍应查阅学习并遵守以下涉及的几种版权协议和法规。

第一种，CC 协议。2003 年，网络开放共享课程达成"知识共享许可协议"（Creative Commons license，简称 CC 协议），旨在保护共享知识不做商用。该协议明确规定，使用者可以获知知识所有者关于其作品的一切权利，用此方法以减少如此在不知情的情况下侵犯对方版权的行为，产权所有者的成果作品也可以得到规范传播。

第二种，《中华人民共和国著作权法》的相关法规。高校在整合使用除自身专有体育教学资源的其他国内优质学习资源时，应严格遵守其"合理使用"规则，即在某特定情形下使用受著作权法保护的作品时，可以不经著作权人许可，且不用向著作权人支付报酬，但必须要指明作品来源或者其出处。除此以外，作为在线资源特别是视频类教学资源的使用者，高校还应认真学习研究《中华人民共和国著作权法》第四章中关于录音录像播放的系列法规。

第三种，在线学习资源来源网站关于资源版权的声明。高校整合体育线上教学资源时，应认真研读并遵守资源来源地址关于其版权的声明，若有疑问应及时向相关机构咨询确认。

（二）完善体育教学管理系统

系统应该拥有教育信息门户、教学资源应用商店、开放式学习平台等功能，将为用户带来教学信息、资源分享、教务管理及个人课程定制等与教学相关的全方位的基于移动平台的多媒体服务。为了满足教学的要求，平台应包含以下三个主要功能结构模块，分别是教师模块、学生模块、管理者模块。

1.教师模块

教师模块的主要作用是教师利用管理系统，辅助教学活动的进行。教师管理子模块主要包括上传学生成绩、教学质量评估、教师信息查询以及其他。学生成绩包括选修课成绩、必修课成绩以及补考成绩三方面。教师可以根据实际需求对该系统进行利用。教学质量评估是指在课程结束后，学校或者学生对上课的质量、上课内容的评价，通过查询可以看到教师的教学评估成绩以及教学评估成绩的排名。通过这样的方式，教师可以反省自己的不足，也可以加大自己的讲课优势，更有利于教师教学的有效率提升。教师信息查询可以查询到教师个人信息、在职信息以及教学任务信息。

2.学生模块

学生模块是面对学生开放，它的子模块更为详细，功能更多。必修课是通过教学培养计划直接安排到每学期的课表中，网上选课是指公共课、专业课、专项课以及选修课。网上报名模块中包含各种考试报名时间、报名信息以及报名网址，如英语四六级考试、教师资格证考试、教练员以及裁判证考试等。教学质量评价是针对教师的业务水平、教学态度、教学风格以及教学方式等，在课程结束后对教师进行的全方位评价。个人信息查询包含学生学期注册、个人基本信息、个人信息修改、学籍异动申请、入学登记、照片信息核对等一系列相关信息。毕业和学位子模块是指毕业论文有关信息，如开题报告申请和录入、答辩和盲审结果、上传学位论文、学位授予数据核对以及毕业申请等，需要登记的相关信息如发表论文、科研成果、专利情况和获奖情况等，都需要用教育系统来进行统计。

3.管理者模块

管理者模块是体育教学管理系统中最关键的节点，它具有维护学生用户和教师用户正常使用的功能，对体育教学管理系统中的各个功能结构模块可以进行删除、增加、分类、修改、查询或者移动。由于体育运动的种类繁多，体育学院对选择不同专项的小班要安排上课时间，可以直接对学生的课表信息进行管理，避免重课、漏课等现象的出现，也可以对课表中的信息、上课教室或者上课时间进行删除或者增加；还可以对教师的奖惩信息、科研成果、专利情况进行查询或者分类。管理者还要针对特殊情况对系统进行维护，在学生选理论课和技能课时，系统登录用户过多，要做好协调各方的准备。

（三）建设理念优化

1.发挥助学者核心作用

平台助学者的主要扮演人群是高校体育教师、体育学科带头人等相关学术人才，这类教师群体作为教育现代化、信息数字化发展的关键，其互联网素养直接影响到我国网络线上教育的发展水平。为推进网络线上教育、教育资源信息化和数字化的高质量发展，以及建设现代高素质教育专业教师团队，我国近年来不断出台和更新了一系列的发展政策与规划，如《关于进一步推进职业教育信息化发展的指导意见》《国家职业教育改革实施方案》《教育信息化 2.0 行动计划》等，从宏观战略的角度明确了教师网络信息能力发展的要求和任务。我国对教育师资网络信息素养的培育与国外长效性和追踪式的培养相比，较为缺乏具体网络信息能力水平标准和体系的建设，教师在意识角度对互联网、线上教育资源发展重要性的理性认识尚不足，希望提升自身相关素养的主动性和行动力尚不足，导致高校体育网络教育资源和多媒体信息技术难以渗透到体育课堂、学生学习和校园管理中。强化体育教育师资团队即平台助学者的互联网意识是平台体育在线教育资源发展的关键，未来在线资源库的建设，应从意识层面增强体育教师对信息技术应用的重要性认识，建立健全体育教育教师互联网技能培养体系，针对体育学科开发专业教师互联网素养测评体系，完善高校在线教学、管理和评价机制，使信息技术手段、互联网教育资源得以与院校日常教学与管理有机融合，逐步丰富信息技术时代发展规划的各个方面。

2.坚持以学习者为中心

现代科学技术的发展对人类生活、工作方式与环境产生了颠覆性影响。数字信息智能时代激增了学生的互联网意识和媒体素养，也培养了学生必备的信息技术能力。在未来，促进学生提升在线学习素质，适应教育资源线上体系的发展将成为学生素质教育的必然要求。

根据笔者调研结果与分析内容可知，目前我国在网络体育教学资源的开发与应用中，很大程度上忽视了在线体育教学资源、学生原有知识与新获知识间的内在联系。仅从线下内容信息直接转换为线上内容层面去考虑在线媒体技术对新知识的呈现过于机械性，容易造成将网络媒体技术应用作为线上教育资源发展目标而非手段的局面，不利于解决学生遇到的现实问题和理解在线教育深层作用和意义，难以激发学生自主进行网络学习和了解网络技术和软件的兴趣和积极性。因此，高校体育在线教育资源发展应以满足学生现实需求和未来持续发展需要为主要导向，坚持以平台学习者为本，以学生自我建构与自我内化知识为目标，转变传统教学理念与手段，结合网络媒体的特质和学习内容本身的特征，为学习者提供以网络技术为支撑、突破时空条件的学习环境与机会，帮助其认识信息与网络对个人生活的重要辅助特性，提高其利用网络搜索、浏览、学习与评判信息的频率与能力，由此前提建立起体育在线教育动态学习与交流空间，营造出合作共享型网络教学环境。

3.鼓励参与主体多元化

在借鉴和学习国内外已有体育线上教育发展经验，以在"中国大学MOOC"优化我国高校体育在线教育资源的同时，应考虑到不同地区、不同高校的线上资源现实发展情况，立足有针对性的高校教育资源建设实践，坚持创新、独立的建设理念，并勇于应对知识网络数字化变革对高校体育教育带来的挑战，积极对现有体育线上教育体系进行本土化改革。

在线教育资源的建设不仅要依靠数字信息技术和相应的数字设备，如果脱离配套的管理制度只能使建设停留于表面，难以实现其深度式、内涵式发展。因此，要在整合与优化体育在线教育资源过程中合理划分高校教育发展区域，综合考虑人才资源条件、自然资源条件和教育市场水平，建立由政府引导、以专业体育院校为主体、相关体育教育企业单位广泛参与的创新型高校体育教育资源建设和管理模式，鼓励地方性体育教育研究机构、体育职业院校教师和体育从业专家等多元主体，参与到体育线上教育资源建设网络架构中，推动高校体育在线教育资源的高质量发展。在多元化主体参与建设的背景下，应加强高校体育线上教学资源发展的统筹规划和宏观设计，形成纵向贯通、横向搭配、协调一体的协同式开发与管理模式。

（四）开设信息检索类课程

《2006—2020年国家信息化发展战略》指出，"信息化是充分利用信息技术，开发利用信息资源，促进信息交流和知识共享，提高经济增长质量，推动经济社会发展转型的历史进程。"从高校角度，应该大力开发信息检索类课程，为毕业生、做科研的学生以及教师进行有针对性的培训。学校也应该有针对性地进行入学教育，加强新生的体育网络教学资源使用培训，积极开设信息检索类课程或者讲座，提高学生和教师的信息素养和科研素养。从学校自身，加强图书馆在信息检索能力培养过程中的作用，鼓励教师和学生通过多途径获取知识，提升自主构建学习体系的能力。同时，加大宣传力度，鼓励教师在实践教学活动中加入体育网络教学资源，建立考核机制，如检查教师在教学过程中利用体育网络课程、媒体素材、文献资料等的频率。积极引导学生在学习过程中利用体育网络资源，督促学生参加信息检索类课程或者讲座，做好笔记，让学校和教师、教师和学生、学校和学生三方之间建立资源共享渠道。

（五）高校体育线上资源优化

1.与高校现有体育课程体系充分融合

各高校原线下体育课程资源面向专有学习对象，是在特有的课程体系以及文化环境中逐渐形成并在实践优化中逐渐走向成熟的，因此这些课程能否直接开放、是否适用于其他高校的学习者则值得深入思考；同时能否直接应用其他高校的优质线上体育教学资源传授于本校体育学科学习者并加以教学效果上的要求，也有待商榷和研究。虽然在提高体育教学质量方面，线上教育资源可以发挥巨大的潜在效用，但在实际应用中只有对学科知识做深入解读并在合法范围内做改造，使其迎合本校体育课程体系后，才能将这种"潜在"效用转型为"实在"效用。

在获悉各类线上体育教学资源时，应充分对比培养目标和价值取向。体育学习资源的培养目标和价值取向，在很大程度上也是某高校或某地区对待体育文化持有的价值观和态度的反映。体育教育既是体育文化的表现形式又是其重要的组成部分，而在当下信息时代，网络公开课、慕课等网络教育形式正潜移默化地改变着受众的体育教育观和学术观。因此，高校资源建设团队应充分考虑整合的资源是否与本校培养目标和价值取向存在较大的差异性甚至冲突性，要认清资源的本质和实际效用，借鉴和接受其符合本校实际教学情况的理念和形式，做到取其精华、去其糟粕。

在建设、优化体育在线教育资源时，高校应建立适合本校的资源分类体系，并对教育资源的更新迭代加以重视。在前文建设优化线上资源的关键章节就已提到，不同高校间的体育培养目标、专业层次不同，高校在整合资源时需要考虑资源的因地制宜、为我所用，以极大地发挥其价值。对此，高校可根据本校体育学科体系在实际发展中对线上教学资源的拓展需求，对照本校教学计划和现开设的专业课程建立新的体育教学资源分类体系，将各类学习资源与本校专业教学分类相结合，方便学习者快速检索，避免学习者在平台学习过程中的迷航现象。高校体育资源的数字化生产不能一蹴而就，上线后也不是一劳永逸的。体育基础技术课程资源中公认的、争议较少的内容，可以少做改动，但仍需根据学习者的学习进度增加、补充素材或注意事项等，这类教学内容大多会出现在传统的高校体育面授课堂总结中。另外，根据本校最新体育科研成果和发展趋势，还可以实时更新学习训练方法和运动注意事项等拓展知识，不断丰富体育在线资源库。总之，平台助学者始终需要应用迭代思维，不断开发和创新高校体育线上教育资源这一"产品"，还应保持动态的更新，始终不忘用户体验至上的宗旨。

除了建立适合本校的体育在线学习资源的分类体系外，高校还可以考虑利用"中国大学 MOOC"现有功能与条件通过课程学分认证，将优质体育学习资源正式纳入学校课程体系，使学习者不仅可以自由选择课程，还可以通过完成各类学习任务获得相应学分，这将有利于学习者富有针对性、系统性地完成一定数量的课程，有效地拓展学科知识。因此，高校可考虑联合"中国大学 MOOC"发布与优质教学资源相对应的学分认证政策，绑定学习者的学习行为与学分，真正实现线上线下学习资源互补。

2.建立优质体育教育资源网络合作项目

体育线上教育资源是一个自然发展与不断更新的网络知识体系，助学团队需要不断地广开思路，参与各种出色的学习资源合作项目，甚至打破学科与学科间的壁垒，学习吸收各门类的线上教育优秀案例经验，以满足用户不断增长的需求、跟上时代不断变化的脚步。

首先，各大高校可以考虑加入 SPOC 联盟，通过 SPOC 与国内外高校联合，实现网络体育教育资源共享。SPOC（Small Private Online Course，小规模限制性在线课程）是由美国加州大学伯克利分校的阿曼德·福克斯教授最早提出和使用的，它与慕课在规模及课程使用权限方面有所区别。Small 形容学习者规模，一般在几十人到几百人间不等，Private 则形容准入条件，要求申请者达到一定要求或条件才能进入学习队列。目前国内外已有多家高校建立起专属本校的 SPOC 平台，并正在实践基于慕课等开放网络教学资源的教学模式，这能为我国高校体育线上教学资源的优化建设与应用提供大量有价值的、应用成熟的参考案例。

再者，高校平台助学团队还可以探索实践 MOOP 项目。MOOP（Massive Open Online Project，大规模在线实践项目）由我国国防科学技术大学学者提出。MOOP 学习大致有三个阶段：利用课程视频先打基础，再利用在线虚拟实验室让学习者进行模拟训练，最后让学习者在线完成完整实训项目。若MOOP可以应用于各大高校，高校体育专业学生或体育师范生即平台体育教育资源主要学习者实践能力的提升，完全可以在互联网上得以实现。国内高校可以基于MOOP项目，通过建设体育线上教育资源库和虚拟体育实训资源来丰富新时代体育学科网络学习模式。

（六）提升相关培训的实效性

教师掌握新媒体技术的能力直接影响着教师利用网络教学资源的效率和频率。因此，培训教师掌握网络检索方式，提升教学过程中所有参与者的信息资源处理能力是十分重要的。实际上，无论是纸张还是电脑，怎么使用它们，使用他们的后果都是由我们使用它们的目的决定的，这就是为什么在教育中引入信息和通信技术，提高现代教育的质量和普及性。在过去20年里，现代信息技术和通信技术在改善现代化教育系统方面仍然是一个问题，最引人注目的是，如何采用相对便宜的方法，使可用的个人电脑既能连接到本地网络，又可以连接到全球互联网。对于成功的教育现代化方案的实施，很大程度上是基于计算机化和"互联网化"，不仅需要教育机构的现代化技术装备，还需要经历过系统教育的教师和组织者的适当培训。然而，最重要的任务是确保尽可能广泛获得现有设备和其他培训资源。培训的最主要目的就是使教师熟悉并掌握新媒体技术，在教学过程中促进教师对网络教学资源以及教学设备的高效率运用，明确教师对利用网络教学资源的目的，提高培训的实际作用，扩大培训范围，丰富培训内容。同时，通过培训转变资深教师对新媒体技术利用的态度，正值传统教学方式和新颖的网络教学方式转变之际，要树立新老教师正确的体育网络教学资源的观念，从而促使教师主动学习、科研发展等。计算机和网络的普及，特别是多年来教育技术培训工作的大面积展开，为教师运用信息技术、使用数字资源奠定了能力和主观认识上的基础。

（七）"中国大学MOOC"平台优化

1.课程指导信息规范化

除了高校在校生的网络必修学分需求外，学习者在"中国大学MOOC"上对各类慕课的选择，更多地取决于其课程指导信息的表达是否足够准确和具有吸引力，特别是随着"中国大学MOOC"平台本身的发展与繁荣，其提供的课程无论在数量还是类别方面都将呈井喷式增长，面对同类课程与信息资源学习者该如何做选择，课程介绍即课程指导信息内容就将起到关键的作用。但从调研情况分析看来，平台并没有对课程引导介绍页面的要素或结构等做强制规定，很多体育类课程都存在引导信息缺失或不完善的情况。在此方面则建议"中国大学MOOC"可以与体育类课程助学者达成协商，针对体育学科类的课程资源提出课程指导信息整改优化方案与模板，进一步指导信息内容格式，使之更好地起到简介与宣传该门体育课程特色、吸引更多学习者关注的作用。

2.课程资源形式多样化

目前"中国大学MOOC"平台上的体育课程学习资源多数为视频类课程，其中部分提供了参考书目和演示文稿。慕课作为一种唾手可得的网络学习方式，学习者或具体到各高校在校学生，对某体育学科课程内容的掌握很大程度上依赖于高校要求或教师资源推荐，而教学视频能容纳的内容仍然十分有限，因此建议"中国大学MOOC"平台可建立适当的机制或激励政策，以引导助学者在获得相应权限后更加积极地提供丰富多样的拓展信息资料，如其他平台网站的资讯链接、音频材料、体育类影视作品、体育类手机应用程序、体育教育类论坛等。

3.助学功能丰富化、实时化

在"中国大学MOOC"上呈现的优质高校体育教育资源，除需要经过助学者的精心设计与组织外，还需要合理地选择并应用恰当的媒体技术助学习者学习一臂之力，以更有效地激发学习者持续的使用意愿。在媒体呈现形式选择上，要体现极致思维，不应只局限于特定几种素材类型，也不能一味追求华而不实的效果，一切应以精准表达资源内容、满足高校体育在线教学需求为准。例如，展示、讲解某体育项目比赛的具体步骤流程这个知识点，可截取播放该项目某比赛实况并配合教师旁白与字幕解读，视频末尾加以可视化简单清晰的总结，以帮助学习者总结归纳和理解记忆；若是对某运动技术动作细节与难点的解析，则可用近距离、多角度拍摄画面和放慢镜头的视频课程呈现，同时对其中的要点以文本形式嵌入或重复多次播放，帮助学习者更直观形象地理解并更容易地掌握该技术动作；此外考虑到移动端使用以及碎片化场景下不便于观看视频掌握课程内容的可能性，还可以调整平台手机客户端排版设计，在页面下方配合部署与视频内容相对应的图文教程信息，从而实现高校体育线上教育资源在平台的可视化与富媒体化。

另外，对于在"中国大学MOOC"平台上实施大规模网络教学来说，学习者互评无疑是一种很好的减少助学者及高校管理工作量的尝试，也属于一种提高效率的助学手段，但目前互评的有效性还存在着争议。在这方面，"中国大学MOOC"目前的学习者互评包括了评价训练和自我评价两个过程，且系统会自动在所有所获他人评定分数中取平均数或中位数为该学习者在该课程的最终得分，有效避免了分数过高或过低的极端情况。需要注意的是在调研结果中，学生们对互动性体验的需求并没有过高的期望，平台可继续跟进在互动时效性方面其他类用户群体的实际需求，以达到最佳优化效果。

4.覆盖全面化与影响最大化

适用于"中国大学 MOOC"平台的高校体育线上教育资源虽然由各高校研发提供，但其仍然具有普适性的特点，可面向任何有需要学习相关体育知识的群体，但"中国大学 MOOC"本身是一个专业网络教育教学类平台，相对于综合类在线视频网站或主流社交型视频网站等来说，其覆盖面则较窄、影响力较弱，大众难以认识到所需体育知识课程可能来源于该平台。因此"中国大学 MOOC"可考虑尝试社会流量思维，即在利用现有在线体育教育资源实施线上线下混合式教学之外，在不违反相关权限法规前提下，将最能反映高校体育教学内容的优质、典型视频类素材，或使用人数更多、覆盖面更广的公共视频网站加以传播与分享，扩大课程资源的影响范围，同时应注意标明资源出处和视频原网站地址，借助公共平台的流量，同时引起浏览者们对资源本身和"中国大学 MOOC"平台的关注，形成流量矩阵以推进网站、资源发展良性循环，实现课程资源价值最大化。例如，移动端在线视频应用程序——腾讯视频、优酷视频和爱奇艺，不仅能免费上传视频和设置访问权限，还提供多样的分享路径便于浏览者将相应资源分享至各大社交平台。在这些综合、大型视频应用程序的体育运动、体育技术教学或体育相关资讯类视频的访问量可达到十万、百万计数单位，实际远高于"中国大学 MOOC"平台上对应体育课程资源的访问浏览量。

第四章 新时代高校体育教学模式创新

高校体育教学模式创新是高校体育改革的必然结果，本章主要从翻转课堂教学模式、"微课"教学模式、俱乐部教学模式和混合式教学模式来介绍新时代高校体育教学模式创新。

第一节 翻转课堂教学模式

一、翻转课堂教学模式概述

（一）翻转课堂概念界定

翻转课堂译自英语"Flipped Class Model"，又称为"翻转课堂式教学模式"，它是新时代、新技术发展背景下的创新性教学思维和教学办法，是一种区别于传统课堂教学模式的全新的、深层次混合学习模式，其在教学内容、教学手段以及教学形式上与在线学习深度融合，构建成更加适宜于高校学生身心发展的创新性教学理念和教学模式。传统教学历来奉行"课上教师教学，课下自主内化"的教学原则和模式，而翻转课堂教学模式就是对此固定化教学模式的"翻转"，即采用在线学习的方式实施学生自主、独立学习。学生根据自身情况选择学习资源，自行学习和吸收知识，而课堂上不再进行知识的传授和梳理，教师必须要利用课堂时间通过特定的课堂活动有效引导学生内化知识。翻转课堂教学是对传统教学思想和模式的一大颠覆，其必然为高校体育教学带来更多生机与活力。

翻转课堂教学模式的主要特征和优势在于——在主干课程学习中有效嵌入了网络技术手段，从而显著增加了学生的课堂实践时间，提升了教学质量和水平。这种创新性教学模式和手段的应用来自社会经济、信息技术的发展，也来自现代教育理念的更新，反映了当前教育领域的变革精神与创新积极性。翻转课堂教学强调学生的主动性以及个性化差异，能够在激发学生学习积极性、能动性的同时，尊重学生个体差异，充分考虑不同个体的特征与需求，通过多方面、多元化、多层次的教育手段实施教学，从而使学生获得综合性的发展和进步。可以说，翻转课堂教学的价值，更多的在于其教学模式对于学生知识、技能以外的培育和影响，评价学生并不仅在于学生的学习成绩，而更多地关注学生的学习态度、学习兴趣、学习自主性、社会适应能力、自主探究能力、合作沟通能力等。

（二）翻转课堂教学要素

1.翻转课堂的学习资源

学习资源是翻转课堂课前备课的必要工作，翻转课堂遵循的"先学后教"的理念中，学生的"学"就来源于学习资源。丰富的、完善的学习资源是翻转课堂不可或缺的必要条件，这些学习资源可以是来自微课视频、自制视频、优秀视频剪辑、文档资料、学习网站、图片解析等。然而多数使用的是各种教学的知识点视频短片，主要讲解新授课的知识点，从而使学生获得知识内容，才能在课中很好地深入掌握教师的教学活动，以此达到课上知识点内化来提高学习质量。

2.翻转课堂的教学活动

知识的内化过程，即翻转课堂中核心组成部分的教学活动。课堂时间由传统的教师知识的教授，转换为翻转课堂的课前学生自主学习知识点，课上根据教师的活动安排进行小组活动或者是个人练习。翻转课堂的方式给了学生更多的自主发挥空间，也给教师增加了为学生指导与纠错的时间。

教师在对教学活动进行设计时，应该根据教学内容的重难点、学生疑问、探讨效果等方面进行精心设计，使得学生在课堂上的讨论、合作、练习都能得到相应的收获，使学生学习的深度更深一些。倘若教师在课堂活动时，只是一味地让学生自由发挥，对学生没有刺激，激发不出学生的兴趣，那将会导致翻转课堂的失败，学生的学习受阻并造成严重后果。所以在设计教学活动之前，首先，教师应该对学生情况进行深入了解，根据情况设计合适的教学活动；其次，在课堂中教师不是"放羊式"地安排活动，教师也应该深入活动之中，参与学生活动、增强活动氛围、解决活动难题、管理组织活动；最后，在活动结束之后，教师应对学生的情况进行了解以及根据自身观察判断活动效果，及时反思并进行整改。

3.翻转课堂的支撑环境

翻转课堂的实施需要网络教学环境的支撑，包括一些网络平台和移动 APP 学习终端。对翻转课堂而言，网络教学平台是教学资源发布、学生学习、师生交流、学习问题反馈的实现途径，为师生搭建了一个虚拟学习空间，为翻转课堂的教学活动开展提供基础保障。目前为翻转课堂提供的网络教学环境的软件，有课堂管理系统（CMS）、学习管理系统（LMS），以及一些免费使用的软件 Moodle、Claronline、ATutor 等。当然也有部分教师会通过应用学习通 APP、微信、QQ 等发送一些学习资源，与学生进行沟通交流。

（三）翻转课堂的特征

翻转课堂变革了传统课堂教学理念和方式，使得课堂教学各要素发生了根本性改变，如表 4-1-1 所示。

表 4-1-1　翻转课堂与传统课堂对比

	翻转课堂	传统课堂
教师	学习指导者、推动者	知识讲授者、课堂组织者
学生	积极主动探究者	消极被动接受者
教学形式	课前深入学习＋课堂知识内化	课堂知识讲解＋课后作业练习
技术应用	自主学习、交流反思、协作讨论及个性化教学	内容展示
评价方式	多元化评价（生生互评、师生互评等）	传统纸质测试

1.颠倒传统教学流程

翻转课堂与传统教学相比，最大的特点就是颠覆了传统教学的过程。传统教学过程是：首先课上教师依据教学进度计划讲授教学内容，学生在课后通过作业的完成实现对教学内容的复习与巩固，即知识的内化就放在了课后学生自己进行。然而，翻转课堂则在教学流程中与传统课堂教学恰恰相反，课前，教师根据教学大纲的安排结合教学目标为学生提供教学视频等学习资源，学生通过手机或电脑随时随地可进行观看学习，以此来完成教学内容的知识点学习，即相对传统课堂知识点的传授放在了课前；课堂之上，学生将在课前学习时产生的困惑向老师请教，同时教师也通过提问的方式了解学生学习的情况，教师再针对性地对学生进行解答与指导，另外，学生还会在小组长的带领下进行讨论及沟通交流合作的学习，然后加强知识的内化，即翻转课堂的知识内化就放在了课堂之上来完成；最后，课后部分学生根据学习资源对知识进行巩固提升以及进行反思总结。

2.教师角色的转变

翻转课堂的教学流程与传统教学完全颠倒，教师的角色和地位也就发生了质的变化。在传统的教学当中，教师的角色是知识的传授者，学生为受教者。而翻转课堂中，教师的角色则是引导者，学生由原来的"以教为中心"变为"以学为中心"，更好地贯彻了教师为主导、学生为主体的原则。翻转课堂在课中更多的是，学生遇到问题时教师需要为学生存在的问题进行指导。同时，教师也成为学生在学习时获取与利用的资源以及处理问题的好帮手。如此可以看出，教师不再是课堂上的"中心"，而且翻转课堂对教师也提出新的挑战，对教师的技能、信息技术、课堂活动管理等都是不同于传统教学的转变。在课堂中，教师最主要的是为课堂进行活动的设计与管理，帮助学生在学习、探索、合作等方面的提升。同时，在完成一个教学目标后，教师还需要对学生的知识掌握情况进行检查，且对检查情况进行及时的反馈，从而使学生清楚地了解自己的学习情况。所以，翻转课堂使教师由"传授者"变为"组织者"，更是成为学生学习的促进者与指导者。

3.传授方式的创新

翻转课堂的主体教学资源主要是由短小精炼的教学视频组成。在翻转课堂教学模式中，教师通过平台给学生提供教学视频或学习内容资料供学生在课下完成自主学习。一般教学视频根据教学内容的安排进行播放，视频时间约为几分钟到十几分钟左右，且在教学视频观看过程中，学生可根据学习需要进行暂停、回放等，以此来方便学生进行学习、思考、练习，提高学生的学习效果。而且，教学视频的学习在环境方面没有任何要求，在理解能力方面学得好的可以快进，掌握不到位的可以回放，使得学生在学习时可以不那么紧张，学习氛围就可以轻松一些。所以翻转课堂的教学模式是比较灵活的一种创新方式。

4.课堂时间的重新分配

翻转课堂教学强调将课堂还给学生，因而在教学时间上也更加考虑学生学习的特征和需求。在教学中，大部分时间属于学生自行支配的学习时间，一小部分留给教师针对学生的自学情况实施针对性辅导，教师的课堂讲授时间较传统课堂教学来说显著减少。随着教师主导时间的显著减少，其相应的教学行为和活动也减少，许多原来课堂上讲授的知识移至课下，而在确保课时知识量充分的前提下，以这一多余时间增强学生之间的交互性，从而提升学生知识的理解深度。翻转课堂教学强调课堂时间的高效利用，同时也强调课下时间的学习，基础知识传授在课前、课下完成，大大延长了教学时间，显著提升了教学质量和效果。

5.学生角色的转变

翻转课堂教学强调为学生创设个性化的网络学习环境，在这种具有开放性、自由性的学习空间中，学生可以自主决定学习内容、学习时间和学习地点，根据自身特征和需求展开个性化学习。显然，翻转课堂教学极为强调学生的高度参与，它从根本上赋予了学生学习行为和活动的灵活性，使学生不再是教与学活动中的被动接受者，而是可以自主、平等地参与师生学习交流活动，以进一步扩展和深化知识认知和理解。

二、翻转课堂教学模式的理论基础

翻转课堂教学与传统课堂教学有着很大区别，其教学手段、内容与形式具有创新性和挑战性。对此，若想充分有效应用翻转课堂教学，就必须要了解这种全新教学模式背后的理论基础，只有遵循这些理论指导，在教学指导中才能做到有的放矢，才能有效提升教学效果。

（一）元认知理论

美国心理学家弗拉维尔提出了元认知理论，这一理论主要研究和讨论的是对个体认知活动的知识、行为和体验所进行调控的过程，即人类对认知的自我认知。从学生这一角度来解释，元认知主要是指学生对自身的学习活动所产生的自我意识，以及进行的自我评价、自我调节和自我监控。基于这一认知理论，学生能够对自身学习形成有效的自我调控，并培养良好的自主学习能力、自主创新意识以及良好的学习习惯，促进学生自主学习效果的有效改善和提升。

在翻转课堂教学中，学生需要在课前自主决定学习时间、地点、频率、工具，以进行基础知识的自主学习；需要在自主学习中思考通过何种手段和条件来实现自主学习、高效学习；需要在学习过程中对自身学习过程进行合理监控；需要对自身学习结果进行全面、理性的评价等。这些过程实际上都属于学生元认知的范畴，这种元认知的作用贯穿于翻转课堂教学始终，对翻转课堂教学产生重要的推进和促进作用。

（二）支架理论

支架原是建筑行业的一个元素概念，一般是指为建筑提供暂时性支撑的柱子，即"脚手架"。学习层面的支架理论中，支架是指为学生提供一定的学习帮助，并在学生具备一定的自主解决问题的能力后撤去帮助。基于支架理论的支架式教学策略则是指为学生的知识意义建构提供相应概念框架。

在教学活动中，支架式教学策略根据对象和主体的不同主要分为两大类，即教学支架和学习支架。教学支架立足于教师视角，强调支架有助于教师顺利实施教学过程；学习支架立足于学生视角，强调支架有助于学生自我知识意义的建构。在教与学中，支架是静态的，而支架的使用却是动态的，要解决一个问题可能要用到多个难易不同、形式不同的帮助支架，并且科学把控支架使用的频率变化以及最终消失的时间，从而实现学生有效地自主学习。

在翻转教学课堂中，学生的学习支架概念通常来自教师，但同时也可能来自同伴，甚至是学习材料设计和组织的管理员，这些不同的角色个体为学生的自主学习提供帮助，促进学生有效地吸收知识、高效学习，培养良好的自主学习意识以及独立解决问题的能力。

（三）最近发展区理论

最近发展区理论是指个体独立分析、解决问题的实际水平与潜在水平之间所存在的差距。其中，实际发展水平是指学生当前已具备的独立解决问题的能力，而潜在发展水平则是指学生基于现有水平可通过一定外在条件而完成任务的水平。因此，最近发展区理论主要讨论的是超出个体现有水平的，与当前个体能力发展最近的一个潜在机能区域。

在翻转课堂教学中，学生的课前学习阶段主要是进行基本概念学习和相关针对性训练，这些学习和训练的知识层次尚处于学生实际发展水平之内，通过正常的学习努力即可达成。而课堂学习活动的内容必然具备一定的难度，且超出了学生的实际认识水平，学生只有通过一定的教师指导、资料辅助、同伴协作才能有效完成学习任务，这一部分内容就属于学生的潜在发展水平。由此可见，最近发展区理论强调的是学生基于一定的基础知识学习，通过有效的学习活动进行知识的强化和提升，从而实现对知识的理解和深化。

（四）建构主义理论

建构主义理论指出学习是一个学生基于自身知识和经验，主动与外界联系、获取知识并建构新知识的内在心理表征过程，强调打破被动性、机械性、固化的知识记忆教学。基于建构主义教学，教学过程中必须以学生为中心，教师为学生提供自主学习的素材并开展以问题为核心的驱动教学，鼓励学生通过有效的自主学习和协作学习实现对新知识的意义建构。

在翻转教学课堂中，学生在课前知识传授环节拥有学习的自主权和决定权，教师搜寻和组织相关学习资料和素材供学生使用，以问题为中心，学生基于已有的学习经验学习新内容；课堂学习环节中，教师引导学生开展相关学习活动，帮助学生掌握和巩固新知识，并为学生提供个性化帮助。通过以上两个环节的学习，学生基本能完成对新知识的意义建构。

（五）自主学习理论

自主学习理论，即学生拥有学习的自主权，自主决定学习内容、行为、方式和路径，自行监控、评价学习的过程和结果，体现个体学习活动的相对自律性、自立性和自为性。学习终究需要依靠学生自己去完成，学生应当对自身学习起到高度负责和监管的作用，应当自行决定自己的学习过程、方法和进度。

在翻转课堂教学中，课前知识传授与课堂知识内化两大环节都强调学生的自主权，学生应当根据自身基础特征、水平和兴趣需求自行选择学习方式、策略和路径，真正成为学习的主人。

（六）协作学习理论

协作学习理论，即在一定教学目标的引导下，以小组合作的形式开展学习。协作学习能够有效激发学生的学习积极性、能动性，帮助学生培养良好的集体意识和合作精神。

在翻转课堂教学中，学生在动态协作学习小组中互相交流、互相学习，协同完成新知识的建构，并在教师的指导下共同解决难题。协作学习增强了学生的团队协作意识，有利于培养和提高学生的自主思考和学习能力。

三、"翻转课堂"的现实价值

1.抗疫背景下教学形式变革

在线教育的发展为翻转课堂提供坚实的技术支持，在线学习与学校课堂学习相结合成为未来教育教学发展的重要形式，翻转课堂成为这种重要形式的表现方式之一。2019 年底，新型冠状病毒肺炎疫情突然爆发，面对突如其来的疫情，国家实行全国范围内的停课。为了保障全国各级各类学校的教育进程和教学工作如期进行，响应教育部提出的"停课不停学"的要求，世界上最大规模的一次在线教育实践活动拉开帷幕，此次在线教育不仅促进了全国范围内教师和学生的信息技术应用能力，也提升了在线教育的意义和地位。同时，引发学界思考，后疫情时代的教学形式该如何发展？在疫情常态化背景下，翻转课堂产生了巨大的价值和作用，在保障学校教育教学工作平稳运行的前提下，促进学校教学形式的变革与发展。在疫情常态化背景下，翻转课堂成为学生体育学习的重要形式之一，学生在居家学习的过程中不仅学习科学文化知识，还能够习得体育运动知识，对发展学生身体素质和保持心理健康具有重要价值。

2.落实体育教学先进性理念

翻转课堂引入体育教学中，有利于落实体育教学先进性理念。在 2011 年实施的《体育与健康课程标准》中，强调了我国体育课程教学的指导思想为"健康第一"。2020 年 10 月，中共中央办公厅、国务院办公厅印发了《关于全面加强和改进新时代学校体育工作的意见》，《意见》中也明确指出在体育教学中要坚持"健康第一"的教育理念。可见，"健康第一"是体育教学中要贯彻到底的教育理念。在传统体育课堂中，体育教师重视体育知识的传授和动作技能的讲解，体育课成为学生被动接受体育知识和动作技能的"乏味"课程，学生热爱运动却反感体育课，体育课程仅仅发挥了工具性的价值。翻转课堂引入体育教学中，体育课堂呈现出生机和活力，在课堂中学生的体育实践占据较大的课堂容量，学生在师生交流和同学交流的活跃课堂氛围中习得运动知识和技能，提升体育学习的自我效能感。翻转课堂下的体育课堂，学生有更多的运动时间，能够排解学习的压力，也响应了"每天运动一小时"的国家号召，起到锻炼身体的作用，实现身体健康和心理健康的目标。同时，体育教学能够更好地落实"健康第一"的教育理念。

3.创新体育教学形式

翻转课堂作为一种新的教育教学形式，它充分利用了课堂内的宝贵时间来实现课堂教学目标，同时也能够有效地利用课外时间扩充学生的课外知识储备，有利于提高学生的学习效率。在这种教学模式下，教师可以利用网络、电子设备来与学生进行课堂交流与讨论，充分利用一切教育资源，丰富教师的教学形式，有利于教师增强教育教学能力，更大程度上促进学生的自主学习。与传统的教育教学模式相比，翻转课堂能够使课后学习更为充分，学生可以根据自己的学习能力来规划学习内容，找到适合自己的学习途径。翻转课堂引入体育教学，使得教师能够充分地利用信息技术为学生提供更丰富的教学内容，教师可以录制微课，可以通过网络选取优质的教学视频等，来达到让学生积累体育知识的目的。翻转课堂应用于体育教学，有利于学生开展混合式学习、探究性学习，使学生的学习方式更加灵活，丰富体育教学过程中的教育教学形式，促进教学任务的更好完成。

4.更好地实现师生互动与沟通

在体育教学中，翻转课堂有利于实现师生的良好互动，融洽师生关系，让教师多渠道地了解和关心学生的学习情况，利用教育教学平台帮助学生解决困难，也可以使学生能够利用网络教学形式，大胆地与教师进行讨论与沟通，利于克服学生胆怯的心理。翻转课堂引用了虚拟教学平台，能够使教师和学生之间的交流与沟通方式更为丰富，在一定程度上有效地解决有些学生因胆小而不敢与教师沟通的问题。与传统的教学模式相比，翻转课堂这种教育教学形式，充分发挥了学生的主体作用，让学生能够有效地利用互联网优势来表达自己的学习成果，探究学习方法，使得教师与学生的角色互换，有效地增进了教师与学生之间的关系。在教学过程中，教师可以辅导学生进行视频学习，针对一些教育教学的重点，引导学生进行组织和讨论，让学生自行安排教学活动，并根据自己的教学安排来为班上其他同学进行讲解，既能够培养学生的表达能力，也能够让教师充分地了解学生对该知识点的掌握情况，这样有助于教师进行系统性、针对性教学，同时也能够增强学生对该教学内容的印象。在体育教学活动中，使用翻转课堂，教师能够有更多的时间集中解决学生遇到的问题，有利于缩小不同学生之间的学习差距，对于激发学生学习体育的兴趣具有重要作用。所以教师在日常教学中适当使用翻转课堂模式可以提升体育教学效果，使教学活动更为丰富。翻转课堂还可以使学生利用网络教学平台进行教学评价，既有利于学生发表自己对教学的看法，又有利于教师了解自己的教学能力，促进教师与学生关系的更好构建，使体育教学更为系统化。

5.提升体育教学科学化程度

翻转课堂引入体育教学中能够提升体育教学科学化程度。学生的学习需求是存在差异的。学生的学习习惯、学习进度和学习方法也存在着较大差异。尤其是在体育学习中，学生的性别、身体素质和运动能力均对学生的体育学习有一定的影响。在体育教学翻转课堂中，利用信息技术作为教学手段，学生在"前课堂"跟着学习资料、视频讲解，学习体育知识和动作要领，作为学习的基础部分。在这一阶段的学习中，学生可以根据自己的时间合理安排学习进度，可以随时暂停教师的讲解，不会的地方可以重复学习和练习，直到学生学习需求得到满足为止。对于擅长体育运动、身体素质良好、运动能力较强的学生来说，完全可以压缩学习时间，把更多的时间和精力放在动作练习和其他学科上。对于不擅长体育学习、身体素质较差、运动能力较弱的学生来说，不受限制的学习时间、无限重复的教学，可以帮助他们更好地获得有效的指导，在满足学生个性化学习需求的基础上，实现教育公平。体育教学不再被课堂时间和教学地点限制，学生拥有更加自由的学习时间、空间，学习的强度和速度更加适合自己。

6.提高体育教学课堂实效性

翻转课堂引入体育教学中能够提高体育课堂的实效性。课堂的实效性是指教师的课堂教学是实际有效的，能够实现教学目标，达到教学效果，学生能够获得具体的进步和发展。在传统体育课堂中，教师的讲授占据了绝大部分课堂容量，学生在课堂的大部分时间里处于被动接受知识的状态，而且课堂时间的有限，无法保证绝大多数学生习得知识，导致教学目标未能达成，课堂的实效性大打折扣。但是，在人的认知规律中，如何将学习到的知识与自身已有知识进行整合和重组即"知识内化"，这属于重点和难点，学生是否学会了知识主要体现为知识内化的程度。传统课堂中，"知识内化"这一环节是放在课堂之后进行的，学生自主练习和知识应用缺少教师的参与和帮助。而在体育翻转课堂中，将"知识学习"放在学校正式体育课堂之前，作为学生的预习任务，学生在课前学习知识的大概，并将产生的问题放在课堂中与同学和教师共同解决，这就能够确保在"课堂中"解决"知识内化"这一难点，保障学生能够习得知识。翻转课堂引入体育教学中，学生在"前课堂"预习和学习体育知识，在"课堂中"解决问题和困难，能够保证学生在"课堂中"达成教学目标，课堂发挥了真正的作用，提高体育课堂的实效性。

7.促进学生综合能力的发展

在体育教学翻转课堂中，学生不仅需要有获得知识的能力还需要具备综合能力。在翻转课堂中，有利于提高学生运用智能工具学习的能力、时间安排的能力、自主学习的能力、合作学习的能力和社交能力等。首先，学生成长在网络极度发达的环境中，让学生脱离电子产品专心学习书本知识已经很难实现了。信息技术成为学生日后工作和生活中不可或缺的技能。翻转课堂中，学生运用智能工具进行学习的同时，自身信息技术的能力也得到发展。其次，学生学习压力大，时间安排得非常紧凑，参与很多社团活动、比赛或者兴趣班，可以根据实际情况安排学习体育知识的时间，培养学生把控学习时间和制定学习计划的能力。再次，翻转课堂需要学生在"前课堂"完成体育知识的学习，需要学生具有一定自主学习的能力。主动学习者的最显著特征是能够进行自主学习，包含自我计划、自我监控和自我评价三个基本要素。学生需要对自己的学习内容、学习时间进行规划，对自己的学习过程进行监督并且对学习效果进行自我评价。最后，在教学的过程中，教师会安排进行小组合作学习或者建设学习交流群，学生可以对体育学习的情况进行及时的交流和合作，这就需要学生具备合作学习的能力和社交能力，促进学生综合能力的发展。通过分组学习使学生受到同伴的影响，加快知识内化的同时更开阔学生的视野和格局；在教师个性化的引导下，有利于帮助学生解决个性化的问题，我们必须要承认学生之间的差异，帮助学生获得有差异的进步和提升，促进学生个性化的认知。

四、翻转课堂经典模型

（一）杰姬·格斯丁模式

杰姬·格斯丁的翻转课堂教学模式包括一组基于体验式学习周期的学习活动。

1.体验式参与

体验式参与实质上就是一个体验式训练，其主要内容包括体验式学习活动、实验、模拟、游戏和艺术活动等。这一阶段的任务在于引领学生参与真实的活动，激发学生的热情、积极性和好奇心，在活动设计上应当努力营造身临其境之感，使学生能够将探索内容与个人经验有效联系在一起，实现有意义的知识建构过程。体验式参与通常以小组形式进行。

2.概念探索

在概念探索阶段，学生会接触到体验式阶段中所涉及的一些概念知识。本阶段的学习内容主要通过文本、视频以及网站等形式呈现给学生，学生自主决定学习方式和学习时间，对视频、网站内容等提出疑问。

3.有意义建构

有意义建构，即对概念探索阶段的学习内容进行反思。在这一阶段中，学生通过视频、音频等方式建构或表达自己的看法和理解，进行独立思考，从而促进知识内化。

4.演示与应用

演示与应用，即学生对自己所学内容进行实际演示，并通过某种方式对其加以应用，使所学内容具有意义。这一阶段通常是采用小组协作、面对面形式开展。

（二）罗伯特·塔伯特模式

罗伯特·塔伯特的翻转课堂结构模型，如图4-1-1所示。

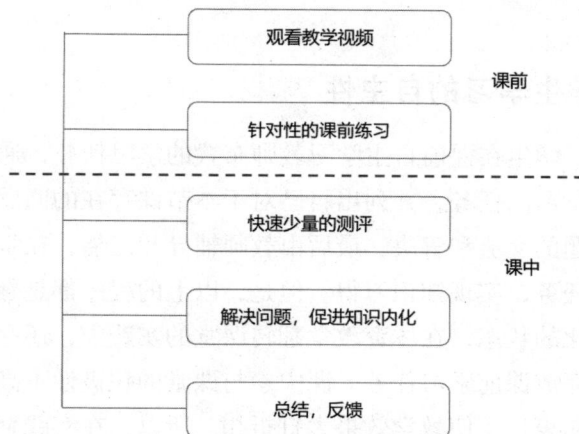

图 4-1-1　罗伯特·塔伯特的翻转课堂结构模型

罗伯特·塔伯特的翻转课堂结构模型主要描述了课前与课中两个流程部分。其中，课前任务为基础概念理解以及导向性训练，教师不再进行"长篇大论"，首先进行小测试，然后解决学生提出的问题，促进学生知识的内化吸收。

五、"翻转课堂"的现实误区

（一）弱化体育教师的作用

体育教师在翻转课堂中转变了角色，从以往的知识传授者和课堂管理者转变为学生学习的引领者、指导者。而这种变化并不代表体育教师的地位下降，相反，体育教师的作用比以往更加重要。首先，在"前课堂"中体育教师需要准备教学视频等一系列教学资料发放给学生，这些教学资料的准备需要花费大量的精力进行重组和不断挖掘，既要满足学生学习的需要更要调动学生的学习兴趣，这对于教师来说是个极大的挑战。在这一时期体育教师是学习领导者、组织者，决定学生需要学习的内容。其次，教师作为课堂的调控者，负责将学生进行异质分组，调控学习组织形式，引导学生对知识学习进行内化，再对学生们的问题进行个性化的回答和辅导。最后，对学生知识习得情况进行评价，在该阶段体育教师又是评价者。所以说，在翻转课堂中，教师的地位并没有降低，反而更加重要，虽然学生能够作为学习的主体、主动者，但是教师作为引导者、组织者、调控者具有更为重要的价值和作用。忽视教师作用的观点是错误和不可取的，是翻转课堂的误区之一。

（二）高估学生学习的自主性

在翻转课堂中，学生在课前自主学习教师布置的学习任务，通过教学视频等学习资料完成知识学习的任务，并列出自己对于本节课存在的问题、疑惑等，在课上与同学进行问题的交流和解决，最后由教师辅导和点播，在学生不断地联系和应用中完成学习任务，实现知识习得。但是，以上的程序都是翻转课堂的应然状态，是一种理想化的状态，在体育教学翻转课堂的实践中，还存在着学生学习自觉性较低、无法完成课前学习任务、课中参与课堂的积极性不高等问题，不仅违背了翻转课堂的初衷，还使教学效果大打折扣。所以，在实践翻转课堂这一教学形态时，教师更要监督、监测学生的学习自主性，建立健全评价机制，督促学生完成学习任务，使翻转课堂模式达到真正的效果。高估学生的学习自主性是翻转课堂的误区之一，尤其针对低年级学生的体育教学，低年级学生学习自主性比较差，应该调动学生家长和班主任共同监督，帮助学生的体育学习。

（三）忽视学生体育素养的培养

体育教师备课时不仅应该重视体育学科的教学，更应该重视培养学生的体育素养。体育学科的核心素养主要包括体育情感与品格、运动能力与习惯、健康知识与行为。那么，学生在课前对信息化的教学视频等资料进行学习，如何获得体育素养的提升？这是体育教师不能忽视的问题。在教学中融入体育情感的培养、体育品格的塑造、运动能力的发展、运动习惯的养成、健康知识的学习和健康行为的实践等，这就要求体育教师的教学内容不仅仅是体育知识与技能，更要塑造完整的体育人格。可以剪辑一些精彩的体育比赛片段培养学生热爱体育的情感，激发学生的学习兴趣；列举在体育比赛中运动员犯规的案例，对学生的体育品德进行培养；在日常学习生活中，教授学生一些简单易操作的健身方式，提升学生的身体素质；梳理一些体育运动的发展历史、比赛规则以及体育赛事的举办历程等学习资料，丰富学生体育文化方面的知识，使学生在生活的一点一滴中进行体育学习，养成体育运动的习惯，比"临时抱佛脚"为了体育测试而努力更加有效果，更能够提升学生的体育素养。

（四）偏离翻转课堂的本质

翻转课堂的本质即通过调整学生"知识学习"和"知识内化"的顺序，来实现教学效果的最大化，目的就是提升学生的体育学习效果。在众多体育教学模式繁荣的今天，在实际教学中难免出现为了"翻转"而"翻转"的情况，模式化、形态化并不是一个空壳，重要的是在丰富多彩的教学内容中，在教师精心设计和安排的课堂中，学生能够实现体育知识习得和体育运动素养的提升。体育教学翻转课堂的目标是提升学生体育学习的效果，而不是一味追求形式上的前沿，这是体育教学中翻转课堂的误区之一。

（五）套用其他学科的经验

翻转课堂诞生于化学学科，随后在各个学科开展，甚至在教育界掀起了一场课堂革命。翻转课堂这一教学形式在其他学科中已经积累了丰富的教学经验和研究成果，无论是在理论上还是实践中都已经趋于成熟。但是在体育教学中，对于翻转课堂的研究还比较薄弱，在实践中体育教师们也处于探索的时期，在不断地"试错"中取得了一些成绩，其中就不乏借鉴其他学科采取翻转课堂这一教学形式的成功经验。但是，体育不同于其他学科，体育课堂无论是在地点、内容上都比较灵活和生动，其组织形式也是丰富多样的，这是体育教学的特点。同时，这对体育教师来说也是个极大的挑战，如何不照搬套用其他学科的经验，达到体育教学翻转课堂的教学效果，是体育教师值得深思的地方。

六、翻转课堂教学模式在高校体育教学中的应用研究

翻转课堂教学有利于激发学生的学习主动性和积极性，培养和提升学生的团队协作意识与探究学习能力，弥补传统课堂教学模式下时空的不足，强化知识和技能的融合与内化，显著提升高校体育教学质量与效果。

高校体育翻转课堂教学通常包括几个模块，即课前学习资源制作准备—学生自主学习—课中知识内化—课后总结评价。每一个模块都尤为重要，教师应有效引导学生参与每一个模块的学习训练，构建以学生为中心的高校体育教学模式。

（一）课前教学资源准备阶段

教学目标是教学活动开展的实施方向和预期成果，是指引教师教学行为的航向标。课前，教师首先应当根据教学计划、教学大纲审慎确定教学目标，基于清晰、明确的教学目标采取一系列的教学措施，以保障翻转课堂教学正常实施。而课堂教学目标的确定应当体现发展性，即目标应当以保障教学的实效性为前提，在教学中对教学目标进行具体调整和修改，以动态性发展教学目标促进课前、课中、课后三个环节有效联通、互相协调。其次，教师应当基于已明确的教学目标确定好教学内容与知识点。教师应当根据学生的认知特点和发展需求恰当选择教学素材，并根据教学内容的结构特点对其进行合理加工和组织，以使其更加适应翻转课堂教学需要。应根据具体的教学目标进一步细化子目标，并对每一个子目标设置相应的学习内容和任务，采取信息技术手段，将体育教学中的各知识技能要点整理设计成 PPT 演示文稿，辅之以比赛录像视频、FLASH 动画图解等手段进行内容整理和编辑，制作完整生动的教学视频录像，并按照教学步骤和程序制

作成学习资源传到网上。除了自制教学资源，教师也可以从相关比赛视频、网络公开课等一些网络资源中获取教学素材，进行适当的加工处理，以充实教学内容，使学生更深入了解学习内容。要注意，视频制作必须充分考虑时间要素，要合理划分每一个单元内容，力求简明扼要、规范全面、由浅入深、由易到难，视频内容与教学目标、教学内容一致，确保时间利用效率，以使学生高效掌握和理解知识，实现教学效果的最优化。

翻转课堂强调学生的自主性、积极性，需要学生自己发现问题、解决问题，主动进行课前新知识学习。首先，学生应当接收和下载教师已制作完成的学习资源包，从中了解教学目标、任务和内容，自行在课前学习本次课堂教学的技术动作和理论知识内容，以形成一个初步、大概的理解和认知，再观看相关视频录像进行对比分析，以形成正确的概念和印象，为课中实践打下坚实基础。此外，在课前自主学习过程中，学生应当主动探索、发现和解决问题，通过查阅资料等方法解决自己能够解决的问题，同时记录好自己解决不了的疑难问题，到课中问询教师或同学。要注意的是，课前自主学习阶段由于缺乏教师的指导和检查，学生的技术动作可能会出现差错，如果不加以及时矫正就会形成错误的动力定型，不利于之后的学习发展。因此，学生的自主训练应当适当，应尽可能在充分观看和认真理解教学视频动作示范的前提下，以小组或结伴的形式进行动作训练及检查指导，形成正确的动作定型。

（二）课中知识和技能的融合与内化阶段

课中教学过程中，教师指导教学并回答学生提出的疑问，学生通过具体的身体训练形成运动技能，有效内化知识。在课堂上，教师首先应阐明本次课堂学习的任务，收集学生的问题，并对问题进行分类，组织学生小组进行交流讨论，引导学生通过探究式方法自主、合作解决问题，培养和提升合作学习、主动探究的能力。对于其中难度较大的、普遍反映难以解决的问题，教师应当给予一定的提示指导，帮助学生形成正确的思维和良好的解决问题的能力。在解决好学生的疑难问题后，教师应根据学生水平和特征展开分层的针对性教学，对学生中普遍存在的动作技术错误进行总结、讲解和纠正。此外，教师应当组织学生个人进行示范指导、讲解，使学生会做、会教，透彻了解动作知识技能。

翻转课堂的课中教学，应尤其强调学生间的讨论以及师生间的互动，应当通过探究式方法解决问题并引导学生主动参与讨论交流，互相纠错、团结协作增强课堂的互动性。在分组讨论和训练后，应每组选取代表反馈结果和问题，教师进行总结评价，集中解决学生问题，这不仅能有力培养学生的纠错能力、探究能力及观察能力，同时还有利于建设新型师生互动关系，使学生能够在和谐、平等、自由的学习环境中有效实现技能形成和知识内化。

（三）课后反馈、评价、巩固提高阶段

课堂结束后，教师应当对学生课中的学习态度、训练效果、错误动作进行总结、评价，根据存在的问题对整体教学方案进行思考和修改，通过网络平台收集学生对教学的感悟、主动性、掌握程度等信息，创造协作学习的环境和空间，形成一个有效的师生互动途径，确保师生之间充分的沟通和反馈，有效解决教学中存在的问题，实现教学效果的最优化。

七、体育教学中翻转课堂实践措施

（一）培养学生自学能力

体育教师要想有效培养学生自主学习能力，就必须以快乐体育为指导思想，注重学生的学习习惯与方法，根据学生的个性特点，对学生展开体育知识和体育技能的教学，以此提高体育翻转课堂教学质量与效果。因此，教师在对学生开展体育课堂教学过程中，要利用互联网技术不断收集新的体育教学资源，将体育教学资源制作成音频，并在线下体育教学当中应用教学设备进行播放和授课。同时，教师还应积极与学生在课堂教学当中展开交流与互动，并在课后收集学生对教学模式的反馈与测评，根据学生提供的信息完善体育教学模式和内容，有效激发学生对体育知识和体育技能的学习兴趣，调动学生在体育课堂教学当中积极参与的热情。混合式翻转课堂生动、新颖，能有效培养学生终身体育意识。另外，教师还要指导学生自主在课堂中进行体育知识和技能的学习，使学生在做游戏过程中学习到体育知识和体育技能，以此有效培养学生的自主学习能力。

（二）创新体育模式，提高教师专业素养

随着我国教育的发展，我们对学生的体育健康状况提出了越来越高的要求。

这一方面是为了让学生掌握一定的体育专业知识，另一方面也是为了培养学生热爱运动的积极性。创新体育教学是要求体育教师能够在体育课堂内容方面进行适当的改革，给学生营造融洽的课堂氛围，引导学生改变以往对体育学习不认真的态度。教师在教学过程当中也应当成为学生学习的引导者和支持者，对于学生提出的一些问题，教师应当及时地解决，并且让学生能够理解。翻转课堂改变了传统教师主讲为主的教学方式，这种教学方式既可以引导学生主动学习体育相关知识，又可以在一定程度上使学生成为学习的主体。

针对教师个人来说，在体育教学过程当中，其应当明确自己的教学任务，不能为了减轻自身任务量而不对学生进行专业指导。教育观念的先进与否与教师的专业素质相互联系，相互作用，只有教师拥有先进的教育理念和态度，才能更好地引导学生进行体育课程的学习。为了端正学生体育学习的态度，教师应当明确体育教学的任务，并且充分让学生意识到体育对人体的重要性，对于身体素质稍差的学生而言，教师应当给予其更多的关心，并且鼓励学生利用课余时间进行体育锻炼，不断增强自身免疫力。教师是知识的传授者，所以教师的授课方式能够影响学生对体育学习的兴趣，而大多数的学生都不喜欢死气沉沉的课堂教学氛围，所以教师应当适当地活跃教学气氛，增加有趣的课堂教学内容，生动直观地展示体育教学的魅力，让学生感受到体育学习不仅能够增强自身体质，而且还能够带来挥洒汗水的快乐。

（三）利用网络平台，丰富体育教学资源

如今，网络资源遍地开花，教师不再担心教学资源的来源，但是如何选择优质的教学资源分享给学生就成为一大教学任务。与过去相比，现在学生的体育课丰富多彩，教师为学生提供充足的体育器材，如羽毛球、乒乓球、篮球、跳绳等，并且教师会引导学生在体育运动之前做热身，但是这并不能避免学生对体育课程提不起兴趣的情况。展开来说，学生可能并不能直观感受到运动所带来的快乐，或者自身并没有很好地掌握体育技能。所以从这方面来考虑，教师在上体育课时，应当教会学生如何正确使用运动器材并且避免自身不受到运动伤害，合理调控自己的身体状态。而如今，教师完全可以利用网络资源，更加全面和直观地帮助学生了解体育相关知识。在体育教学课程内容安排上，可以分为室外实践和室内观看体育视频等，合理地安排体育教学的内容，翻转课堂的这种课堂模式可以锻炼学生敢于上台表达自己观点的能力，克服胆小和害怕心理。

体育教学资源日趋丰富，网络平台为教师提供了充足的教学视频和教学指导。在体育教学之前，教师要树立创新体育教学的意识，除了要培养学生对体育的热爱之情，更要教会学生掌握正确的运动方式和及时的保护措施。教师可以利用网络上正反面运动教材，让他们了解什么是正确的运动方式，给学生树立一个良好运动的榜样。在翻转课堂引入体育教学过程当中，教师可以合理地制定教学方案，比如在课前导入一部分，可以让学生观看如何避免在运动过程中受伤等相关的视频，然后在教学过程当中，教师通过直观的动手操作来给学生展示如何进行心肺复苏以及一些急救措施等。并且在课后，要求学生对体育课堂所教授的内容进行及时巩固和复习，鼓励学生养成一个经常运动的好习惯。

（四）注意翻转课堂中体育教学安全防护

体育课程往往离不开学生的身体运动，在课堂中学生的身体往往会超过负荷，从而导致意外。尤其是在翻转课堂模式下的体育教学，以学生自主学习探究为主，教师起到辅助和从旁引导的作用，在这样的学习模式中，已经改变了教师讲解示范、学生机械性模仿的教学方式了。所以，在学生的安全问题上，教师更要引起注意，引导学生在探究学习的过程中注意安全防护，要充分发挥教师的引导作用，在教学的过程中注意提醒学生们规避各种可能导致危险发生的行为，在学生中强调安全防护的重要性，避免意外的发生。

（五）实时调整教学方案

在教学的过程中，由于教学模式的改革，体育教师也应该及时地调整自己的教学方案，进行教学的学期规划，让学生们养成良好的体育锻炼习惯，更好地促进学生的主观能动性。不仅如此，教师在教学的过程中也要多总结多反思，更好地完善教学方案，帮助学生解决学习中的一些问题，提高学生学习的积极性。比如，教师可以让学生在自我练习过程中将所遇困难通过智能设备进行实时反馈，再对其进行总结分类，在课堂上进行统一解决。由此，实现师生高效互动、提升体育教学的质量。

（六）增加实践教学，为翻转课堂模式提供更多帮助

体育教学的实践性很强，学生必须反复训练才能掌握相关体育技巧，并提升

实践能力与创新能力。因此，通过翻转课堂模式，学生可以在线上自行学习体育相关技巧，并在课堂中进行实践。教师可以对学生的实践情况进行指导，调整学生错误的锻炼方式，这样不但能提升学生实践能力，也能增加学生综合技能，为学生学习与成长提供更多可能。而且翻转课堂教学模式的出现，也使体育课堂实践时间更多，教学课堂可以全部作为实践时间使用，这样更有利于学生成长和进步。

第二节　"微课"教学模式

一、相关概念的界定

（一）微课

微课是一种以传播音频、视频信息为主的线上教学形式。随着信息技术的不断发展，互联网逐渐成为人们日常生活中的重要组成部分，人们的生活方式、学习方式、工作方式也相应地进行了调整。在互联网的影响下，一种新的教学方式——微课应运而生。微课作为一种线上教学形式，能够极大满足学生的自主学习需求，并且学生长期坚持通过微课进行学习，有利于培养终身学习的观念。在互联网时代，学生对网络信息的接收能力较强，他们可以通过网络平台浏览丰富的内容，学习到书本上没有的知识，而微课融合了网络平台的信息和书本中的知识，不仅有利于加深学生对知识的理解，还能够拓展学生的知识面，使学生的学习形式多元化，最大限度地满足学生的学习需求。微课属于一种微型学习形式，奥地利因斯布鲁克大学 Theo Hug 博士认为，微型学习是一种处理比较小的学习单位并且聚焦时间较短的学习活动，这种观念为移动端微型课程教学的产生提供了理论基础。从目前来看，微课主要有容量小、知识量大、表现形式丰富、传播快等特征，它不仅能够适应现阶段人们的快节奏生活，还能够改变人们的学习方式，最大限度地满足人们的学习需求，在人们学习生活中的作用越来越显著。

（二）微课的特点

1.教学时间短

微课的"微"字鲜明地突出了教学时间短，一般微课的时间在 3~5 分钟左右，最长不能超过 10 分钟，过长就没有了"微"的意义。微课时间短能够使学生的注意力集中，因为学生在长时间学习过程中，难免会出现疲劳或注意力转移等现象，短时间的教学更能提高教学效果，满足学生个性化学习。

2.内容少但重难点突出

微课在选择内容上应该遵循少的原则，因为微课的教学目标是一个大目标下划分的小目标，而且微课时间比较短，所以在内容上只能围绕一个知识点或者一个教学环节进行。虽然在内容上比较少，但重难点突出，便于学生自主学习与练习。

3.直观趣味灵活性

微课以教学视频为主，学生通过视频调动学习积极性，满足心理需求。因为在微课中，涉及学生比较喜欢的教学图片、视频等，知识背景丰富，图文声相结合。另外，学生在学习的过程中比较灵活，可以随意选择自己感兴趣的方式进行学习，也可以多种学习方式组合进行学习。针对自己不会的环节可以反复观看视频，详细认真阅读视频中的文字说明，从而快速高效地掌握知识或技能。

4.自主便捷性

微课的自主性主要体现在学生是教学活动的主体，学生不仅可以根据自身的需要自由地选择自己喜欢的视频进行学习，还可以在宿舍等便于学习的地方进行主动学习。进而提高学生的自主学习能力。随着时代的进步，科技的发展，微课可以通过手机、电脑、iPad 等移动设备进行学习，学生可以利用碎片化的时间在任何场所进行。在学习中，学生与教师交流探讨问题更加便捷，从而提高了学习效率。

（三）微课教学

微课教学是教师通过微课平台来表现教学内容，从而开展教学活动的教学方式。对于教师而言，在设计微课教学视频的过程中应当考虑到课程的安排、课程的设计思路和学生的接收能力等因素。教师在设计微课教学的教学内容时，不一定要完全按照固有的知识体系来设计教学内容，也可以通过零散知识的组合来设计教学内容，从而使学生能够感受到微课教学与传统课堂教学之间的差异。值得注意的是，微课教学并不是简单地还原课堂教学，而是对某一部分的重点知识、难点知识进行重点讲解，使学生能够回顾所学知识，解决学习过程中存在的问题。相比于传统课堂教学，微课教学内容更为精练，针对性更强，教师能够针对教学过程中存在的重点知识和难点知识进行讲解。与此同时，微课教学的表现形式也更加丰富，教师在设计微课教学内容时能够根据学科的性质做出不同的调整，以满足学生的学习需求。

（四）微课教学设计

微课教学设计指的是教师根据学科性质、教学风格、学生需求等设计微课教学内容的过程。在微课教学设计中，教师应先考虑三个基本要求，即知识与能力要求、过程与方法要求、情感态度与价值观要求，然后根据这三个方面的要求对微课教学中的视频内容进行设计与制作，从而使学生更好地明确学习内容，提高自身对知识的理解与运用能力。与此同时，我们也可以将这种教学设计方法运用于传统的课堂教学设计过程之中，引导学生利用视频资料来巩固自身的知识，这样不仅能够改善传统课堂教学的教学氛围，还能够提高学生的学习积极性，从而积极主动地参与到教学过程之中。微课具有内容精练、容量小、时间短的特点，因此学生主要通过移动终端来观看微课视频，他们不仅可以通过接入网络在线观看微课视频，也可以下载微课视频离线观看。随着4G网络的普及和5G网络的发展，人们基本上可以随时随地观看微课视频，这样不仅有助于人们充分利用自身时间来进行学习，还有助于培养人们终身学习的习惯。微课教学视频不仅仅有助于提高学生的学习能力，还有助于提高教育工作者的教学能力，如教育工作者可以通过观看微课教学视频，来改善自身在教学过程中存在的不足和借鉴其他优秀教师的教学经验，并将这些优秀经验运用于具体的教学过程之中。

二、高校体育微课教学的设计构建

（一）高校体育微课教学设计目标

高校体育微课教学的设计与其他课程微课教学的设计相比，相同之处具体表现为高校体育微课教学和其他课程微课教学的教学过程基本保持一致，即先确定教学纲领，再制定教学规划并实施，最后进行教学反思；不同之处具体表现为高校体育微课教学重在具体动作的指导，而其他课程微课教学重在理论知识的讲解。当学生在观看高校体育微课教学视频时，他们可以通过回看和循环的方式来不断重复动作教学，从而满足自身的学习需求。

在设计高校体育微课教学内容的过程中，教师应按照以下目标来进行教学设计：在微课教学中表现传统体育课程的常规内容。大多数情况下，微课教学的内容都是传统课程教学过程中的难点内容和重点内容，但高校体育课程较为特殊，每一个基础动作都关系到下一个动作的开展。其二，教师应充分考虑自身实际情况来设计教学内容。通常其他学科教师在设计微课教学内容时会参考其他学校教师的教学内容，体育教学则不同，教师的教学能力、学生的身体素质水平、学校的教学环境等因素都会影响教学活动的开展，因此体育教师必须要充分考虑自身情况来设计教学内容。其三，教师应以学生需求为主来设计教学内容。学生对体育运动的兴趣会直接影响体育教学活动的开展，因此体育教师必须要重视学生的需求，从而通过微课教学调动学生的学习积极性，提高体育教学的教学效率。

在高校体育微课设计之前，教师应先明确高校体育学科的科目定位，然后调查和研究学校的体育设施情况和体育课程设计要求。如果高校体育微课的内容与学校的实际情况不匹配，微课将无法运用于具体的教学实践过程之中，那么微课的教学设计也毫无意义。除此之外，教师还要重视培养学生对体育运动的兴趣，使学生能够通过观看高质量的高校体育微课视频意识到体育运动的重要性，从而加强自身的体育运动锻炼，进一步形成终身体育的观念。

在制作高校体育微课视频的过程中，教师要选择最符合时代要求和学生需求的内容。一方面，教师要深入学生内部，了解当代大学生对体育运动的重视程度和他们对高校体育课程的需求，从而保证高校体育微课的内容能够最大限度地吸引学生的注意力；另一方面，教师要保证高校体育微课的质量，不能盲目迎合学生的需求，要建立系统的高校体育微课教学体系，使学生能够循序渐进地进行高校体育微课的学习；另外，高校体育教师应当实时地更新微课视频的内容，使高校体育微课视频能够与时俱进，与学生的身心发展变化保持同步，从而更好地作用于体育教学活动。

（二）微课设计的相关理论基础

1.建构主义学习理论

建构主义认为世界是客观存在的现实，但是我们每个人对事物的理解由我们自身决定，因为不同的人对事物的认知以及拥有原有知识经验的不同，导致对同一事物的理解也就有所不同。建构主义学习理论强调：学生学习的知识是在教师指导和帮助下搜集一定的资源，通过有效的学习方式进行的，不是以教师的教为主，要充分展现学生的主体地位，体现以学生的学为中心。在进行教学活动时不要一味地向学生灌输新的知识，要尊重原有知识的认知结构，要发挥学生自主学习的能力，使学生在一定经验背景下自主掌握新的知识，在课前自主或者与同学一起对知识进行建构，建立清晰的表象。

与此同时，教师也要认清自己扮演的角色，充分发挥教师的主导作用。在学生遇到疑难问题时及时给予指导和帮助，进而激发学生学习的自主性、创造性。

微课教学方式体现在教师提供内容丰富的教学资源和个性化的平台供学生主动选择知识进行建构，能够充分体现学生的观点和想法，体现学生的主体地位和学生的主观能动性，培养学生分析问题解决问题的能力，根据学生已有的经验结构挖掘出知识的生长点，进而掌握知识和技能。学生通过自主观看视频，在掌握新知识的同时，对旧知识进行重新组合和改进，并且教师在课中针对学生不懂的地方进行指导和纠正，使学生对知识能够正确地建构。特别是在动作技能学习的过程中，新旧技能的相互迁移使得学生掌握技能更加牢固，动作表象更加清晰。因此，建构主义学习理论对微课教学方式的发展具有一定的理论指导意义。

2.多元智能理论

多元智能理论是由美国心理学家霍华德·加德纳在其写的论著《智力的结构》中提出来的。加德纳认为我们在生活中表现出来的各种能力就是智力，并且随着学生身心发展的差异，使得每个人的智力水平也是不一样的。他提出了身体运动智能、人际智能、音乐智能、自然观察智能、语言智能、空间智能、数理逻辑智能和自我认识智能。

加德纳认为每个学生的智能都有所不同，各有其独特之处，并且学生的智能有强弱之分，在某一种智能上强，另一种智能上可能就会弱。而且学生与学生之间的智能也存在着差异性和多元化。因此我们必须意识到学生与学生之间在智能上的差异，在教学中不单单从一两个智能入手，而要从多种智能设计教学，发展学生的多种智能，采取多种教学方式和手段，尽量使学生获得效益最佳化，满足学生的发展。

加德纳指出：智能是看不到摸不着并且不是计算的东西，而是中枢神经支配的潜能。个体的潜能有的能被激活，有的激活不了，能否被激活依赖于所处的文化背景、价值观、机会等。所以在教学时要为学生提供更多的教学手段和学习方式，创设新颖的学习情境，不断激发学生的潜能。

因此，教师运用微课教学时，要了解每个学生的身心发展特点，掌握学生强弱智能，针对强项智能继续发扬和保持，针对弱项智能要激发和弥补。教师在设计微课时可以适当地增加一些音乐和图片，从而激发学生的音乐智能和自然观察智能，使多种智能相互激发"碰撞"产生共鸣，从而使学生能够运用多种感官共同参与学习，并且在设计微课时要考虑学生的差异性，开发学生的多种智能，一切从学生的实际出发，做到因材施教。并且要以学生为教学活动的主体，全面发展学生，不断激发学生的潜能，形成多元化人才培养的蓝图。

3.自主学习理论

自主学习理论强调教学是教师的"教"和学生的"学"的双边性活动，教师指导、引领学生进行学习。学生在教学活动中占主体地位，教学要以学生为中心，发挥学生的主动性、积极性。从而提高学生的分析问题、解决问题以及独立思考问题的能力，激发学生的主人翁意识，培养学生的抽象逻辑思维能力，进而提高教学质量和效果，使教学方式更接近实用性。

微课教学方式正好体现了自主学习的诸多特点，是自主学习理论的时代体现，自主学习理论又为微课教学方式的发展奠定了理论基础，二者相互促进、相辅相成。因此教育者在体育专业院校设计微课进行教学时，应该以学生为中心，在设计前了解研究学生的特点，针对学生的个体化差异设计多种教学手段和方法，进而达到因材施教，使每个学生都能自主地选择自己喜欢的教学手段进行技能知识的学习，从而提高学习效率，使学生在最短的时间内自主地获得最大的收益。

4.移动学习理论

近年来，随着微信、QQ、教学软件、学习平台等的出现，使得人们在移动设备上的学习更加方便，人们可以随时随地以任何方式通过移动设备学习所需知识，并且移动学习相比于传统的学习方式来说，学到的知识更丰富、内容更具体、学习环境更新颖。因此，移动学习能够拓宽学生的学习视野，促进学习更加自主、自由化，提高学习效率，节省学习时间，进而弥补传统课堂学习的短板，使学生能充分利用零碎时间学习三基（即基本知识、基本技术、基本技能）。

此外，移动学习可以使学生自由地安排自己的学习进度，制订学习计划，根据自身的实际情况进行知识的预习以及对所学知识进行巩固。在移动学习中，学生遇到不会的问题可以与同学、老师进行线上探讨，在第一时间解决疑难问题，从而促进学生与学生、学生与教师之间的沟通交流，进而达成和谐稳定的新型师生关系。

微课内容精炼，储存量小，便于学生在手机、iPad 等移动设备中进行学习，并且学生不需要固定学习时间和地点，可以运用碎片时间进行知识技能的学习。可见，微课短小精悍的特点无疑与移动学习相互促进、相辅相成。从而说明移动学习理论推动了微课的发展，为微课在新时代各学科中的应用奠定了一定的理论基础。

5.掌握学习理论

掌握学习理论强调学生取得优异成绩或未能取得优异成绩不取决于学生的 IQ（智商），而取决于是否能够满足学生学习的个性、适合学生学习的教学手段以及充足的学习时间。只要给予学生最佳的教学和充足的学习时间，大部分学生都会取得优异的成绩。掌握学习理论注重每个学生的发展，针对每个学生学习的特点进行帮助和指导，强调形成性评价，进而使学生掌握知识和技能，促进身心健康发展。掌握学习理论指出：在传统的教学过程中，教师不可能对所有学生做到百分之百的指导和帮助，总有一部分学生受到较多的指导和帮助，而一部分学生受到的指导和帮助较少，并且在学习过程中，学生学习某一章节或者某一知识点的时间是一致的，一部分学生在这个时间段是不能掌握知识和技能的，久而久之学生成绩就会产生差距。

微课教学方式恰好为掌握学习理论的发展提供了契机，因为微课教学方式是课前对学生输送相关知识或者技能的视频，学生通过移动设备自由选择自己喜欢的内容进行观看学习，课中教师针对每个学生自主学习存在的问题进行一一纠正，然后督促学生不断进行练习，课后学生继续巩固所学内容。这样就大大增加了学生的学习时间，提高了教师指导的针对性，有助于班级教学中素质相对较弱学生建立学习的自信，从而会提高学生的学习成绩。尤其是动作技能学习，更需要充足的时间进行反复练习。因此，掌握学习理论为微课的发展提供了一定的理论基础，微课为掌握学习理论的完善开创了新的途径。

（三）高校体育微课教学的内容

1.高校体育微课教学内容分类

高校体育课程是一项以体育运动实践为主的课程，而学生主要通过教师的示范来学习相应的体育动作，这就意味着体育教师必须要保证自身体育动作的专业性，从而使学生也能够学到专业的动作。但是，对于大多数高校体育教师而言，要掌握所有的体育技能和知识具有一定的难度，因此在传统课堂教学的情况下，学生最多只能学习本校体育教师所掌握的体育技能和知识。随着微课的兴起，学生能够通过微课平台学到更多的体育技能和知识，并且没有课程时间和课程地点的限制，极大地满足了学生学习体育课程的需求。对于高校体育教师而言，在选择高校体育微课视频内容时应注意以下七个方面，分别是微课学习目标、微课的主要内容、学习内容的分析、学习者的分析、选择教学策略、选择设计的方法和评价反馈设计，如图4-2-1所示。

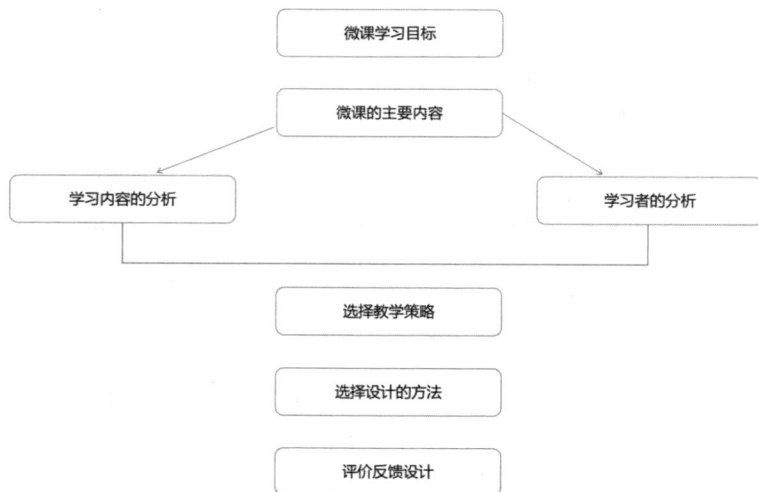

图4-2-1　体育微课设计流程

（1）微课学习目标指的是教师在高校体育微课教学中要实现的目标。在微课学习目标的制定过程中，教师首先要明确高校体育教学过程中的重点、难点和学生对高校体育教学的需求，因此教师必须要加强与学生之间的沟通，了解学生对体育运动的要求，明确高校体育微课教学的设计方向。

（2）微课的主要内容指的是教师在设计高校体育微课过程中所选择的内容。

（3）学习内容的分析指的是教师通过对传统体育教学的研究来明确高校体育微课教学重点和难点的过程。高校体育微课的内容是对传统体育教学中某一内容的具体化，虽然微课中的各个内容都是独立的，但这些内容之间具有密切的联系。

（4）学习者的分析指的是教师在设计高校体育微课的过程中对学生情况的分析，其中包括学生的身体素质水平、学生对体育技能与知识的掌握程度等。

（5）选择教学策略指的是教师在设计高校体育微课的过程中综合考虑自身的教学能力、学生的学习能力、学校的体育设施等因素所做教学策略方面的选择。这样做能够极大地满足学生的学习需求，并相应地提高教师的教学效率。

（6）选择设计的方式指的是教师在设计高校体育微课的过程中根据自身的教学能力和学生的接受能力所做的选择。

（7）评价反馈设计指的是在开展高校体育微课教学之后，教师对于教学目标的实现情况所做的设计。学生可以在观看高校体育微课视频之后表达自身的观点，使教师能够明确自身在教学方面的不足，并促使教师对高校体育微课教学内容进行调整，从而更好地进行下一步的教学工作。

2.微视频内容选择

教师在选择高校体育教学微课视频内容的过程中应遵守三点要求：其一，在高校体育教学知识的基础上选择学生最喜闻乐见的内容，并对这些内容进行整合；其二，教师根据学生的意见对所选择的内容进行筛选；其三，对筛选后的内容再进行挑选，以确保能够用于正式的教学活动。从中我们可以看出，高校体育微课教学中的内容并不是教师随意选择的，而是经过了层层筛选，因此高校体育微课教学的内容通常具有较高的质量和较丰富的内容。

3.按照课堂教学环节分类

一般认为，同一个微课视频只能划入一种类型之中，但实际上某些特殊的微课视频可以同时属于多种类型。因为微课视频的分类并不仅仅是根据学科的属性来进行分类，还可以根据学科的重要性、难易程度等其他标准来进行分类。随着互联网内容的丰富多样化，微课的学科类型也变得更加丰富，因此我们应该以全新的视角来看待微课的分类。本文将微课分为四种类型，分别是课前复习类、课中讨论类、课后巩固类和知识理解类，如表 4-2-1 所示。

表 4-2-1　微课的分类

微课类型	适用范围
课前复习类	学生自学
课中讨论类	教师指导，学生自查
课后巩固类	教师指导，学生自查
知识理解类	学生自学

（1）在课前复习类微课中，学生通过观看视频内容来明确主要的学习内容、主要的资料搜集以及主要关注的问题。

（2）在课中讨论类微课中，教师通过视频教学对学生进行指导，学生通过观看视频内容进行思考并提出自己的疑惑，然后在评论区进行讨论。

（3）在课后巩固类微课中，教师通过视频教学对重点技术动作问题进行深层次讲解，学生通过观看视频内容巩固自身知识体系。

（4）在知识理解类微课中，学生通过观看视频内容解决自身的疑惑，从而有针对性地进行动作与技能的练习，进一步加深自身对动作与技能的理解。

（四）体育微课教学方法

微课主要针对传统课程教学过程中某一重点、难点进行具体化的教学。因此，体育微课教学方法指的是教师在微课教学过程中集中精力对体育课程中的某一动作或技能进行教学。在微课教学过程中，教师可以通过音频、视频的形式来向学生展示教学内容，整个教学过程持续 5~10 分钟，教学内容精炼且细致。虽然微课与网络教学都是线上教学形式，但是微课具有交互能力强、应用广泛、内容细致等多种优势，因此它广受好评，并成为目前最流行的线上教学形式之一。在体育微课教学过程中，教师通过视频教学的方式展现某一重要动作和技能，使学生可以充分利用零散的时间来学习这一重要动作和技能。

开展微课教学的目的在于提高学生自身的学习能力，因此学生的需求才是推动微课教学活动的主要动力。在设计微课教学内容之前，教师应当做好学生学情的分析与研究工作，并充分考虑自身的教学能力、学生的接受能力等因素。除此之外，选择合适微课拍摄设备也是影响微课教学效果的重要因素，还要根据不同学科的属性和不同教学对象来选择微课教学内容的表现形式。从目前来看，常见的微课教学视频类型主要有三种，分别是以视频录制为主的教学视频、以录屏为主的教学视频、以 Flash、PPT 为主的教学视频，如表 4-2-2 所示。

表 4-2-2　微课教学视频的类型

教学视频类型	资源描述	代表性资源
以视频录制为主的教学视频	运用摄像机进行录制，然后通过软件后期编辑	国内各大高校的慕课资源
以录屏为主的教学视频	在讲学过程中，利用录屏软件同步录制	可汗学院
以 Flash、PPT 为主的教学视频	将其转换为视频格式	数字故事类资源

（五）高校体育微课教学设计原则

1.适时分解原则

微课之所以受到大多数人的喜爱，其中一个很重要的原因就是人们可以在不受时间、地点约束的情况下进行碎片化学习。因此，教师应当保证微课教学内容的精炼而不是简单地舍弃教学内容，使人们在较短的时间学到丰富的内容。在具体制作过程中，教师应当充分考虑体育课程的知识、教学方法、微课的表现方法等因素，有意识地对高校体育微课的一些内容进行拆分。

2.聚集性原则

通常情况下，我们在较短的时间内难以掌握大量的知识，但是我们可以通过集中时间，提高时间的使用效率，掌握重点知识。因此，在微课教学内容的设计过程中，教师应当对课程的重点、难点和其他部分进行分析与研究，从而使人们在较短的时间内集中学习重点和难点知识。在制作高校体育微课时，教师应加大对运动动作与技巧方面的拆分，详细地对难点动作进行讲解和对特殊的动作技巧进行分析等，使学生能够有针对性进行练习，提高自身对重要动作技巧和困难动作技巧的熟练程度。

3.简洁性原则

一个微课视频的持续时间为5~10分钟，这与正常人的注意力集中时间保持一致，因此人们往往能够在这段时间集中精力进行学习，并利用其他时间对已学内容进行理解与巩固，从而更好地运用于具体的实践活动之中。因此，在设计微课教学内容的过程中，教师应当在较短的时间向人们展现微课的重点内容，并保证微课的质量。对于当代大学生而言，他们对新生事物的接受能力较强，并且已经具备了一定的体育运动技能，因此他们能够在较短的时间里适应微课内容。另外，他们还可以根据自身的需求来寻找最适合自身学习的微课，从而针对性地提高自己对某个动作的熟练程度。

4.微课设计特色突出

随着互联网的普及程度越来越高，人们对微课的重视程度越来越高，因此吸引了大量的教师加入微课的设计队伍之中，各种高质量、高水准的微课层出不穷。在这种情况下，如何设计出富有个性且高质量的微课是每个微课设计教师主要考虑的问题。因此在微课的设计过程中，教师应当充分发挥自身的优势和本校课程的特色，并相应地结合学生的实际需求，设计出最符合本校学生需求的高质量微课。

三、微课设计的价值

（一）突出学生在课堂学习中的主体地位

教师能够通过微课制作课前教学视频，进行课堂教学互动、课后教学评价等，时刻突出学生在课堂学习的主体地位，坚持以学生学习为中心，使得微课在高校体育教学中实现有效推广与应用，还能激发学生对于体育学习的兴趣。微课具有设计时间较短的特征，而且通过调查得知，学生更容易被短时间的教学视频所吸引，有助于强化学习效果。同时，教师在安排上课环节的过程中，往往坚持以学生为主体的原则，为学生展示课前教学视频和预习课件，然后采用学生分组讨论和小组合作的形式，发挥学生在课堂上的主观能动性，给予学生更多自主学习和发挥自己潜力的机会。此外，可以通过微课设置学生课前预习、课后复习的环节，这对帮助学生整理课前课堂知识和巩固课后所学内容产生深远意义，极大地优化传统体育课堂的教学设置。

（二）推动高校体育信息化教学的发展

当前，社会正处于科学技术快速发展的阶段，加强体育教学改革与设计工作，是顺应时代要求的必然趋势。在网络技术飞速发展的背景下，学生的知识获取途径变得更加多样化，学生对知识的获取来源不再局限于以往的课堂和高校，而是通过丰富多样的网络教学资源和开放、智能的教学软件，获取与课堂教学有关的学习内容，打破传统教师一言堂的局限性，实现学生的多样化学习目标。在应用微课教学模式的过程中，能够真正做到教学创新，教师可以采用这种基于微课的信息化教学形式，迎合和满足学生学习需求，突出时代发展特征，为教学改革工作提供有益的方法和探索渠道。实践证明，在高校体育教学中应用微课，能够调动学生的学习积极性、强化学生考试成绩，还能让高校体育教师工作满意度提升，不断减轻高校体育教师在教学中的工作量和压力，给予学生更好的引导和帮助。

（三）为学生提供丰富多样的教学资源以及实现资源优势的整合

微课作为传统教学与信息化教学良好结合的育人形式，根据互联网技术，为学生开放网络开放课程，还能通过引入国内外名师授课内容，激发学生的学习兴趣。同时，教师也可以通过搜索优秀运动员比赛视频、自己录制视频的形式，加强体育教学资源的合理整合，丰富学生在课堂学习的内容。此外，教师还可以将制作好的微课教学视频，在课前发送给学生，让学生在课前通过网络自主预习和巩固课上所学知识，使学生能够随时随地了解体育课堂教学资源和丰富的学习内容，让学生的学习不再受到场地和时间的限制。

（四）推动高校体育教学评价工作的全面和多样化发展

应用微课教学模式，可以转变传统的教学评价方式，传统教学评价方式主要针对学生的出勤率、成绩考核情况等，考核方式容易流于形式和表面。在微课教学中，学生的教学评价可以分为课前、课中以及课后三个阶段，并且采用考勤、习题、运动技能学习考核指标有机结合的方式，尽可能地从多维度了解学生运动参与、运动技能、身心健康的实际评价结果，这样也能让体育教学和评价指标更多样、全面，提升评价的真实性和可信度。

四、高校体育微课教学设计

（一）高校体育微课教学设计框架

1.高校体育微课教学设计目标的制定

在高校体育微课的教学设计中，我们要对高校体育微课的教学大纲、教学计划等方面的内容进行深入分析，进一步明确高校体育微课的主要内容。在此过程中，我们还要对高校体育微课的教学目标和教学内容不断进行论证，以便于保证高校体育微课教学活动的顺利进行。

对于教育工作者而言，他们应该先明确学生的学习习惯，然后针对性设计教学内容，调动学生的学习积极性，从而积极主动投入高校体育微课教学活动之中。与此同时，教育工作者还要培养学生独立思考的能力，通过对所学知识进行思考，从而将知识运用到具体实践活动之中，将高校体育微课的教学内容运用于高校体育教学活动之中。另外，教育工作者在选择教学内容的过程中应严格遵循由易到难的原则，使学生能够明确高校体育微课教学过程中的重点和难点，并将其中的难点进行拆分，加快学生对高校体育微课教学内容的理解。

在高校体育微课教学的设计过程中，教育工作者应注意以下四点。

（1）坚持以学生为本的教学设计原则。学生是高校体育微课教学活动的主体，因此教育工作者应明确学生的实际需求，并根据学生的需求来对教学内容进行调整，从而制作出符合学生实际需求的微课，促进学生掌握微课教学的内容。

（2）教育工作者应为学生提供一些书本上没有的知识，使学生能够通过高校体育微课教学活动掌握更多的知识，从而更好地完善自身的体育知识体系。

（3）教育工作者应通过高校体育微课教学来提高学生的学习兴趣。对于大多数学生而言，兴趣才是激发他们学习积极性的重要动力。教育工作者应当充分利用学生对体育运动的兴趣，使他们能够积极主动地参与到体育课程之中，这样才能更好地帮助学生形成终身体育的观念。

（4）教育工作者应充分尊重学生的建议，并将其融入于高校体育微课教学设计之中，从而提高学生在体育课程教学中的参与度。在设计高校体育微课教学内容时，教育工作者应当为学生提供一个表达观点的平台，使学生能够充分发挥自身的主观能动性，自主地选择学习内容和学习方法，从而培养自身的创新创造能力和提高学习效率。

2.微课教学设计中学生的配备

受家庭、社会等环境的影响，每个学生的学习能力和接受能力都存在一定的差异，这就要求教育工作者在微课教学的设计过程中充分考虑不同学生的接受能力。另外，为了保证微课教学视频的质量，教育工作者应当加大对高难度技术动作的讲解，从而使学生能够针对性地选择重难点进行学习。这同时也意味着在制作微课教学视频的过程中，教师应当选择具有一定专业基础的学生作为教学对象，营造较好的教学氛围，从而为以后的学习者提供更好的学习体验。

3.微课教学设计中教学方法的运用

与传统课程教学相比，微课教学具有时间短和教学内容精炼等特点，因此教育工作者应选择更适合微课教学的教学方法，重点突出微课教学过程中的重点和难点内容。例如，在高校篮球的教学过程中投篮、传球、挡拆等动作具有一定的复杂性，教师应对这些动作进行相应的课程设计，以保证微课教学内容能够满足学生的个性化需求。

4.微课教学设计的原则

高校体育微课教学设计应当遵循适时分解原则、聚焦性原则和简洁原则以突出课程内容的特点。微课最主要的特点就是"微"，为了保证学生可以充分利用自己的闲余时间来观看微课教学视频，教育工作者在设计微课教学视频的过程中应考虑教学视频的内容不宜过多，同时也要考虑微课的完整性。因此教育工作者应当从微课教学的整体性出发，对教学内容进行分解，使学生能够直观地感受到微课教学内容的重点和难点。

从目前来看，高校体育微课教学视频的形式主要包括三种，分别是以现场录制为主的实拍式微课形式，以屏幕录制为主的录播式微课形式，以 Flash、PPT 为主的微课形式。其中，以现场录制为主的实拍式微课形式指的是摄影师分别对教师、学生以及教学现场进行拍摄，然后再对拍摄视频进行后期处理的微课视频形式。实拍式微课一般分为有现场互动的实拍微课视频和没有现场互动的实拍微课视频。对于学生而言，有现场互动的实拍微课视频更能够吸引他们的注意力，从而提高他们的学习效率；而没有现场互动的实拍微课视频的重点在于教师的个人讲解，视频内容较为单调。以屏幕录制为主的录播式微课形式指的是教师通过视频向学生讲解教学内容，然后再用屏幕录制软件将这段教学视频录制下来，这种视频的制作方式较为简单。对于大多数教育工作者而言，他们可以通过屏幕录制软件将自身的教学过程录制下来，上传到微课比赛网站上，与来自各个地方的教师同台竞争。以 Flash、PPT 为主的微课形式指的是教师将幻灯片和 Flash 动画转化为媒体影像，从而以微课视频的形式展现在人们面前，这种视频形式对教师的幻灯片制作水平和动画制作的技术要求较高。

（二）高校体育微课教学设计环节

在高校体育微课教学的设计过程中，教育工作者应明确微课教学设计的内容和自身的技术水平，做好高校体育微课教学的设计工作。首先，在选取知识的过程中，教师应当明确知识的难易程度，先从简单的知识出发，再逐步向复杂的知识发展，以便于学生能够逐步地接受知识、掌握知识。其次，教育工作者要以学生作为微课设计的中心，教师所选的教学内容应满足学生的学习需求，从而通过微课来调动学生的学习积极性。再次，教师应当充分了解学生的兴趣，通过培养兴趣的方式来引导学生主动地学习。对于大多数学生而言，兴趣是推动自身学习的重要动力，它能够充分发挥学生的主观能动性，进一步使学生将体育运动作为学习生活的一部分。最后，教育工作者在微课的设计过程中应当以增强学生的自主学习能力为主要目的，不仅要提高学生的学习能力，还要鼓励学生主动思考。

（三）高校体育微课教学的制作

1.设备的准备

在制作高校体育微课教学视频的过程中，我们应当以课程性质为标准来选择拍摄设备。在传统高校体育课程中，教师一般重视实践课，而高校体育微课教学不同，不仅重视实践课的教学内容，还重视理论课的教学内容。在理论课教学过程中，主要以教师作为拍摄场景，拍摄者主要拍摄教师对高校体育内容的讲解和学生的听课情况，因此拍摄者至少要准备一台摄影机，大部分时间将镜头朝向教师，偶尔将镜头转向学生。在实践课教学过程中，我们要以专业的摄影棚或专业的体育场馆作为拍摄场地，拍摄者不仅要拍摄教师的教学动作，还要拍摄学生对动作的掌握情况，因此拍摄者至少要准备两台摄影机，这样才能保证学生的动作和教师的动作都能够被摄影机所记录。另外，为了保证微课教学视频的质量，拍摄者应当选择较专业的拍摄设备。

2.场地的选择

对于高校体育微课教学视频而言，场地的选择是影响整体教学效果的重要因素，教育工作者应当通过选择合适的教学场地来营造较好的教学氛围。在录制高校体育教学视频的过程中，教师和学生都应该处于真实的教学环境之中，这样才能引起视频学习者的共鸣，因此在拍摄高校体育微课视频时应当选择真实的课堂环境。与此同时，教师和学生都应当以最真实的状态来对待微课视频拍摄，这样才能真实地再现课堂教学场景，展现最真实的教学过程，从而达到理想的目标。

3.摄像机位的架设

在拍摄微课教学视频时，拍摄者应把握摄像机位的架设，使摄像机与教师、学生之间保持一定的空间距离。一般情况下，我们在摄像机位的架设过程中应考虑以下三个方面的因素，分别是摄像机的方位、摄像机的高度和摄像机的距离，通过合理地调整摄像机的角度、高度和距离，能够更好地表现教师与学生的状态，从而为视频学习者提供较好的视觉体验。在高校体育微课教学视频的拍摄过程中，我们应当至少准备三台摄像机，一台摄像机用于拍摄教师的教学动作细节，一台摄像机用于拍摄学生的反应和模仿教师动作的细节，另外一台摄像机则用来拍摄全景，即教师教学和学生学习的整体画面。为了保证整个拍摄画面的效果，拍摄者应当实时关注拍摄画面，及时做出调整。

4.现场的协调

从整体上来看，现场的协调对于拍摄高校体育微课教学视频具有重要的影响。因此，在拍摄高校体育微课教学的过程中，学生应当积极地配合教师，教师应当尽量满足学生的需求，从而达到各方面的协调，进一步保障微课的整体效果。

5.素材的录制

由于高校体育课程的内容存在一定的差异，因此在录制素材之前应当先明确教师的教学内容。在录制教学素材的过程中，我们应当明确两点，分别是视频素材的格式和拍摄要求。通常情况下，常见的视频格式有 MP4 和 WMV 两种类型，不同的视频格式需要借助不同的播放媒介才能正常播放。在拍摄视频素材时，拍摄者要严格按照要求来摆放摄像机，并对教学中的重点和难点进行捕捉，从而使视频学习者能够在观看过程中明确教学的重点和难点。在摄像机位的选择方面，我们一般会使用三台摄像机进行拍摄，即一台摄像机位于教学场地的角落，用于拍摄学生；一台摄像机位于教学场地的前方，用于拍摄教师的动作；另外一台摄像机位于教学场地的后方，用于拍摄全景，只有这样才能保证视频素材的完整性。

6.后期的编辑

一般来说，在微课教学视频拍摄结束后，我们要对视频内容进行后期处理，即对视频的内容进行整理，对多余的部分做删减处理。在进行微课教学视频的编辑工作时，应先选择合适的视频编辑软件，虽然市面上有较多的视频编辑软件，但这些软件不一定适用于不同拍摄形式下的微课视频。例如，以现场录制为主的实拍式微课视频和以屏幕录制为主的录播式微课视频虽然都是微课视频，但其画面质量存在较大的差距，并且视频制式也不同。在现场录制为主的实拍式微课视频中，如果拍摄者选用了专业摄像设备，那么其画面帧数可达到每秒30帧甚至更高，而在屏幕录制为主的录播式微课视频中，其画面帧数通常为每秒5帧，远低于实拍式微课视频。因此，针对不同拍摄情况下的微课视频，我们应当选择不同的视频处理软件，如视频制作软件 Premiere CC。

7.成品的输出

在微课教学视频的后期处理过程中，教师通过视频制作软件再次接触微课教学视频，并更加明确教学的重点和难点，或者通过调整视频的内容来促进教学重点和难点的形成，这意味着教育工作者不仅是微课教学视频的设计者，也是微课教学视频的改良者。从微课教学视频的形成到微课教学视频的后期处理，再从微课教学视频的后期处理到流入市场，教育工作者的作用至关重要，同时也促进了教育工作者教学能力的提高。

8.教学效果点评

随着互联网技术的不断发展和网络平台的不断拓展，微课对人们的影响越来越明显。微课教学视频具有容量小、内容精炼的特点，人们可以通过无线网络在线观看微课教学视频，学生可以不受时间和空间的限制而主动地进行学习。在传统的课程教学过程中，学生可以通过向教师提问的方式来提高自身的学习效率，而反馈机制也同样适用于微课教学。在网络平台上，学生与教师可以在线进行交流，使授课教师能够第一时间掌握学生的学习情况，了解学生在学习过程中存在的问题，并针对学生存在的问题及时调整教学方案，从而提高学生的学习效率，进一步提高学生的学习能力。

微课教学与传统课程教学之间也存在一定的相似之处，具体表现为教学引导方面。在微课教学视频的制作过程中，教师通常会先以引导性的话语作为开场白，以便于激发学生主动学习的积极性，再以最适合学生的方式来开展教学活动。值得注意的是，疏、引、通的教学观念对微课教学活动的开展具有重要意义。其中，疏指的是教师通过巧妙的语言拉近与学生之间的关系，使学生能够消除负面情绪，以积极学习的态度面对微课教学；引指的是通过正确的课程观念和合理的课程内容来引导学生学习；通指的是学生通过学习高校体育微课的内容来联系其他学科的内容，灵活地处理不同学科的知识。在高校体育微课教学过程中，教师应充分发挥自身的专业能力，为学生细致地讲解每一个具体的动作，用自身的专业素养和语言技巧来吸引学生的注意力，营造良好的教学氛围，从而使学生积极主动地参与到课程教学过程中。

（四）高校体育微课教学内容的制作方法

1.确定微课教学内容

体育教学中包括两方面的教学内容，一是理论知识，二是技术要领，而技术要领教学占比较高，也是学生必须掌握的知识点。因此，在编制微课教学内容时，应以技术要领为主，理论知识只占一小部分。

2.准备微课素材

微课教学手段深受学生喜爱的原因是内容较为有趣、直观化，体育教师在编制微课内容时，应先准备好教学素材，还要站在学生兴趣的角度进行编制，比如喜爱体育明星、卡通等，可以将学生喜欢的因素与本节课的教学内容相结合。教师在准备微课素材时，应引入以下三方面的素材：首先为技术知识素材。体育教学的目的是培养学生掌握运动技能，技术知识素材是必不可少的，并且也是决定教学质量的关键因素。教师应根据本节课的内容搜集相关的技术知识素材，为保障教学质量奠定基础。其次为音乐素材。微课教学的实现依托的是视频，视频教学与教师教学相比较，视频教学对学生的吸引力较高，能够促使学生积极观看，在观看时掌握运动技能。可见，视频教学能够创建出轻松的教学氛围，能够缓解学生的学习压力，促进学生热爱体育技能的学习。因此，教师应充分利用视频教学，还要配备音乐素材，利用音乐舒缓学生的学习心情、创建轻松的学习氛围，实现良好教学。最后为视频素材。体育教学与其他学科教学具有较大的差异，其他学科理论知识教学占据大部分，而体育教学是以技能示范教学为主，理论知识占比较少。因此，教师在制作微课时，可利用网络搜集高难度动作技术视频并融入微课视频内，保证教学质量。

3.微课制作流程

在制作微课时，要采取以下流程：选题设计、教学准备、视频录制、视频后期加工、反思与修改。在选题设计时，要站在学生角度将学生喜爱的内容与教学内容相结合，起到激发学生学习兴趣的作用；在教学准备中，教师要将本节课的教学内容及先后顺序进行优化安排，保证教学的完整性、连续性、进而保证教学质量；在视频录制中，需要利用录屏软件将教学过程、技能示范录制在内，完成视频制作；在视频后期加工中，可以在视频内点缀学生较为喜爱的图片，配备音乐背景，达到降低学生学习压力的目的；在反思与修改中，教师反复观看视频整体流程，挖掘出影响教学效果的环节并进行改善，从而保证视频教学的质量。

五、提高高校体育微课教学设计的措施

（一）教育行政部门的重视

与传统高校体育课程教学不同，高校体育微课教学对时间、地点没有特定的要求，不仅可以用于课堂教学，也可以用于学生的自我教育，因此高校体育微课教学在管理方面较为自由。针对高校体育微课的管理情况，我们应当制定明确的标准来对微课进行管理，对不符合学生需求的微课进行调整或删减，对于符合学生需求的微课进行整合归类，从而形成科学的、完整的微课教学体系。随着网络平台不断拓展，高校体育微课教学的内容也逐渐丰富，其优势也越来越明显，不仅有助于学生自主学习，还有助于补充传统高校体育课程以外的知识。从目前来看，我国大多数高校都已经开设体育微课，但这些高校体育微课的内容基本上只适用于自身的体育教学，这无疑不利于各个学校体育微课的交流。长此以往，将难以保证高校体育微课教学的质量，从而造成高校体育教学资源的浪费，更不利于学生的发展。为了改变这一现状，我们必须要从管理方面入手，各地的教育部门应当加强彼此之间的联系，集合力量构建系统化、科学化的网络微课管理平台。与此同时，各地高校应当将高校的微课资源上传到指定的网络平台中，并向各地高校学生开放，使得各地高校学生都能够享受高校体育微课教学资源。另外，为了进一步保障微课教学视频的质量，高校应严格按照要求对微课教学视频进行审

核，要求上传者完善个人真实信息，以便于及时联系上传者和为上传者提供一定的服务。学校是教育和管理学生的重要场所，对微课教学的具体实施具有重要的影响。

为了更好地发挥微课教学的作用，学校应当为微课教学设立专门的管理部门，通过制定科学、合理的管理规定来加强高校微课教学工作。各地的教育部门应当加强彼此之间的联系，加强各个高校之间的联系，尤其是在高校体育微课教学方面的交流。与此同时，各地教育部门应当组建专门管理高校微课教学视频的网络平台，使得各高校能够共享微课教学资源，教师能够通过研究与分析其他高校优秀教师的教学视频来提高自身的教学水平，进一步提高微课教学的质量。对于学生普遍存在的问题和难点，各高校的教师应当加强讨论与分析，从而得出一个能够满足大多数学生需求的解决方案。这样做不仅有利于提高教师自身的教学水平，还有利于提高高校微课教学视频的质量。对于那些质量较高、口碑较好的微课视频，各高校教师应当积极学习其中的优秀教学经验，并将其运用于微课教学视频设计过程之中。

（二）激励高校教师参与微课教学积极性

微课对学生学习的积极影响是显而易见的。在互联网时代，微课的使用频率越来越高，微课与人们之间的联系也越来越密切，而如何吸引学习者的注意力和提高学生的学习能力，是目前高校微课教学视频制作者必须要重视的问题。对于大多数高校教师而言，他们不仅要进行传统的课程教学，还要花费一定的时间与精力来设计高校体育微课教学的内容，难免分身乏术，再加上学生对微课教学视频的需求越来越高，教师要不断搜寻很多的资料来设计微课教学内容，因此高校教师在制作微课教学视频过程中面临着巨大压力。这就要求学校和政府应当给予一定的支持与帮助，不仅要适当地减轻教师的教学负担，还要为教师提供一定的教学资源，使得教师能够积极主动地参与到高校微课教学过程之中。对于学生而言，他们通常会选择具有吸引力的微课教学视频，从而针对性地进行自我教育，这就要求高校教育工作者在微课教学视频中投入更多的时间与精力。

（三）提高教师对微课的认识和微课制作能力

随着互联网的普及，大多数学生已经能够适应微课教学，但是一些习惯于传统课程教学的教师仍对微课的形式存在误解，他们一般认为微课就是将传统课程教学的过程记录下来并上传到网络平台，然而实际上并不是如此，微课并不是简单地录制课程，它还包括视频的制作、视频内容的安排、教师的讲解等多个方面的具体内容。对于新时代的高校教师而言，他们应当了解微课的形式和内容，并将自身的教学活动融入微课教学之中，从而顺应时代的发展。有些教师认为，微课只是一时地满足人们的新鲜感，它无法撼动传统课程教学的地位。这种观点无疑是片面的，虽然传统课程教学在短时间内无法被取代，但也不意味着微课对传统课程教学的地位没有影响，因为它是新时代的产物，代表着新的教育发展趋势。因此学校和社会应当加大对微课教学的重视，投入更多的精力于微课教学之中，使更多的人能够正确认识微课，并参与到微课教学之中。

除了要正确认识微课之外，教育工作者还要明确微课开发的目的。从目前来看，开发微课的目的在于方便教师进行微课教学活动，从而更好地提高学习者的学习能力。对于教育工作者而言，如果没有以学生为中心来设计微课教学视频，而是出于功利目的来设计微课教学视频，那么微课教学就无法真正地体现教师的教学能力，从而无法真正地为学生服务。因此，高校教师在微课教学视频的设计过程中应当严格遵循教育原则，循序渐进地进行教学活动。与此同时，教师在设计微课教学视频的过程中，还可以借鉴其他优秀教师的教学经验，从而提高微课教学视频的质量，更好地提高学习者的学习能力。

当前体育技术教学大体上仍是处于传统教学模式，缺乏趣味以及个性化的学习模式。针对目前这种情况，教师应不断提高自身学科的专业能力，学校与地方教育局也应对教师采取相应的措施。对于教师，应该以个性化学习为基础，不断地提升自身学科的专业素养，能够与科技更好地融合，一线教师在教学过程中有丰富的实践经验，在参与相关微课教学培训的同时，可以对自己的教学方法不断进行创新和改进，以符合时代的发展，也可以将其他优秀的教学模式和教学方法根据实际情况相互融合，大胆尝试，探索出更为科学的教学方法。对于学校与地方教育局，应统筹微课各方面的发展，一方面，应该定期安排教师进行专业知识以及微课制作能力的培训课程，为微课设计奠定理论与技术基础；另一方面，应保证微课的质量，对于微课应采取审核的方法，防止存在细节的错误，以及误导学生的现象产生。

（四）拓宽微课学习的渠道

大学生思维较为活跃，因此他们对新生事物的接受能力较强，尤其是对互联网相关的事物，他们普遍反感传统高校课程教学中的灌输式教学，而热衷于新的微课教学。因此，为了更好地促进大学生的身心发展，我们应当明确大学生的需求，通过拓宽微课学习的渠道来吸引学生的注意力，充分调动学生的学习积极性。

在微课教学中，教师要通过创设新的教学情境来激发学生对学习的兴趣，以诙谐幽默的语言来打动学生，使学生能够轻松地适应微课教学。在设计微课教学内容时，教师应充分考虑学生接受能力和自身的教学能力，着重对教学重点和难点进行讲解，用较短的时间来进行有效的教学活动，从而针对性地解决学生在学习过程中存在的问题。

（五）完善高校体育微课教学设计的评价体系

教学评价是反映教师教学水平、教学效率的重要方式之一。因此，我们应当通过建立健全高校体育微课教学设计评价体系来促进高校体育微课教学的发展。通常情况下，高校体育微课教学设计评价体系由两个部分组成，分别是学生对微课的评价和他人对微课的评价。对于教育工作者而言，要提高学生对微课的评价，首先要精心设计微课教学的内容，对教学内容中的重点和难点进行细化，使学生能够充分理解这些知识，并培养学生的自主学习能力；其次，要精心设计课堂练习和测试内容，针对学生的学习情况来作出不同程度的提示，促使每个学生都能够通过练习和测试来掌握知识，从而向更高层次发展；最后，教师要对学生的学习情况进行观察，发现学生在学习过程中存在的问题，并相应地提出解决方案，从而更好地为学生服务。与此同时，他人对微课的评价也是十分重要的。大多数情况下，不同学者、教师、专家对同一微课教学视频的看法有所不同，因此我们应当针对不同人群来设置评价选项，并对这些评价进行整合分类。另外，教师还要收集不同学生、学者、教师对高校体育微课教学的建议，尤其是学习者的建议，并根据这些建议对微课教学内容进行调整，从而更好地满足学习者的需求。

第三节　俱乐部教学模式

一、体育俱乐部

俱乐部在我国主要是将各种文化娱乐、体育活动结合起来的场所。体育俱乐部的概念指的是一种自发的、从事体育活动的基本组织，以开展体育活动为主要内容。

最初的体育俱乐部主要是以爱好体育为由聚在一起，并以体育运动为主体的团体。自欧洲最早成立俱乐部后，"俱乐部"一词开始传入中国。随着思想的进步和教学的改革尝试，将俱乐部形式与学校体育相结合形成最初的体育俱乐部教学模式，更好地推动了体育教学的发展。

体育俱乐部具有一定的独立性，提高了学生参与课程的积极性，从被动学习转为主动学习，促进了学生的全面发展和终身体育意识的培养。

二、体育俱乐部教学模式

所谓体育俱乐部教学模式，是指根据学生的实际情况，比如根据学生的学习能力、学习态度、学习效果等方面进行分层，分为基础层、提高层、稳定层三个层次，每个层次的评判标准不同，所设置的教学目标不同，让学生在学习过程中不断提升对自己的认知，提高学习兴趣，从而培养学生终身体育的意识。在评级过程中，教师会制定明确的教学标准，对学生进行标准化的评价，降级与升级并存，激励学生不断学习、不断进步。

（一）体育俱乐部教学模式的特征

1.尊重学生的主体地位

体育俱乐部倡导学生自主学习，被广大高校学生所喜爱，而且其在进行教学活动中还能够表现出良好的灵活性和开放性，从而更好地满足了学生需求。总结来说，体育俱乐部教学模式具有参与自愿性的特征，具体表现为：一是选择的自由性，学生可以利用信息网络的作用查看自己可选课程，然后根据自己的意愿自由选课；二是学生通过自主参与俱乐部活动可以锻炼自己的社会人际交往能力；三是学生通过自主参与能够在无形之中养成良好体育运动习惯。俱乐部教学中每一个学生成员之间都是平等的，这样可以增强成员之间的凝聚力。

同时在教学活动中以学生自主探索为主，学生可以在探索时得到锻炼和展现自我的机会，从而提高其自信心。

2.目的多样性

体育俱乐部教学具有目的多样性的特点。有的学生之所以参加体育俱乐部教学是为了提高自己的运能技能，能够掌握一技之长；有的学生则是出于兴趣；有的学生是为了进行交际；有的学生是为了锻炼自己的心理承受能力等。总之，学生参加俱乐部教学的目的有很多，而体育俱乐部教学的出现则可以为学生提供一个合理的途径，让学生更好地达到自己的目的。

3.内容丰富性

体育俱乐部教学具有内容丰富性特点。体育俱乐部是将具有共同兴趣爱好的学生组织在一起所形成的一个团体，因此根据体育运动项目的不同，其可以分为多个不同的俱乐部，比如说排球俱乐部、羽毛球俱乐部、轮滑俱乐部等，不同的俱乐部所教授的内容也是不一样的。同时体育俱乐部在教学内容上打破传统教学时的理论传授，更加注重对学生实践运动技能的培养。体育俱乐部教学通过体育运动技能训练，让学生具备自我制定训练和运动计划的能力，只有这样才能够保证学生学习效果。除此之外在教学内容上还结合当前热门体育运动，比如说攀岩、龙舟等具有当地特色的体育运动，吸引学生的注意力，提高学生体育文化素养。

（二）体育俱乐部教学类型

1.体育课外俱乐部教学模式

课外体育俱乐部教学模式是目前高校普遍进行体育活动的方式，与传统教学模式在教学内容上具有相似性，如教学内容的单一、形式化，同样优势是便于教师管理；在教学任务上实行教师负责制，按统一内容进行，实行教师量化管理，忽视学生兴趣，限制了学生发展，阻碍了学生发挥主体作用；在教学理念中，只考虑了学生的身体锻炼，未能考虑到培养其终身体育意识；在运动项目方面，设置的项目较为常见，虽然学生上手容易，但是难以满足部分学生的运动项目需求；在教学评价方面，只注重考勤，考评内容单一，难以凸显学生的真实情况，忽略学生其他方面的发展。课外体育俱乐部教学模式有自身的优势，但是也存在着一些弊端，学习是永无止境的，体育教学模式的完善更顺应时代的发展。

2.体育课内俱乐部教学模式

体育俱乐部的含义就是自发性地通过相同兴趣爱好的人聚在一起进行锻炼、提高自身的体质。体育课内俱乐部教学模式的含义就是课堂教学采用俱乐部的教学模式。近些年来，体育俱乐部的发展是一股热潮，因为其主要的目的是以俱乐部的形式教授体育，使学生能够在自己兴趣爱好的基础上培养终身体育的意识和促进体育技能的学习，体育课内俱乐部的发展解决了课余体育俱乐部存在的问题，如增加了学生的课程自由选择性，满足学生更多的运动项目需求等，课外俱乐部教学模式到体育课内俱乐部教学模式的转变，不仅减少了时间的利用，而且提高了学生及教师的重视程度，让其效果更明显。

3.体育课内外一体化俱乐部

课内外俱乐部教学都有各自的优势以及不足，因此为了更好发挥俱乐部教学模式的优势，可以在高校推行课内外一体化俱乐部教学模式。针对当前我国课内外一体化俱乐部在高校内的实施方案有三种：一是将体育课程分为必修课和选修课两种。大一学生体育课为必修课，主要的教学内容是一些公共体育基础课程。大二学生体育课也为必修课，主要的教学内容是专项体育运动训练。大三和大四的学生体育课为选修课，学生可以按照自己的兴趣以及上课的时间安排合理选择自己感兴趣的体育项目。二是仅在大一和大二学年中开设体育必修课，在大三和大四学年中开设体育选修课。根据教学内容将这两个学习阶段进行划分，其中有70%的课程在课内体育教学活动中完成，而剩下30%的课程则是在课外体育教学活动中完成。在大三和大四学习阶段学生可以自由选择体育教学项目，经过学习考核之后，通过考核的学生就可以得到该项目的学分。课内外一体化俱乐部教学既能够利用固定教学模式的作用，让学生能够学习体育相关知识，还能够利用选修课的方式激发学生对体育运动的热爱兴趣。三是在大一和大二学年中采用课内体育俱乐部教学模式，而在大三和大四学年中增加20%左右与社会相关的体育项目作为课外俱乐部教学内容。

4.体育课内与课外俱乐部教学模式的比较

（1）教学形式特点不同

课外体育俱乐部教学模式在教学形式上十分封闭，组织教学形式单一，对于俱乐部教学的发展有一定的滞后，很难满足学生的需求，限制了学生的自由选择性，影响了学生的学习兴趣，制约了学生在一定程度上个性和主观能动性的发展。课内俱乐部教学模式组织教学形式多样，以"课堂"教学为主要模式大大提高了时间的利用率，课程的多样化提供了更多的自由选择性，提高了学生的兴趣和积极性。

（2）师生主体角色不同

课外体育俱乐部教学模式在一定程度上还存在教师负责制，实行教学内容的统一管理，忽略学生的兴趣。课内俱乐部模式的体育教学充分地体现了以学生为本的理念，学生充分地发挥主体作用的同时教师起到了辅助作用，教学形式更加丰富及灵活，学生也发生从被动学习向主动学习的转变，在提高学生学习兴趣的同时也充分发挥了学生的主观能动性。

（3）教学任务内容不同

课外体育俱乐部教学模式教学内容和教学目标含糊不清，教师的责任心不强，对于模糊不清的教学任务草草了事，忽略了学生的心理健康问题并打击了学生的兴趣性。课内俱乐部模式的体育教学在注重学生身心健康的基础上提高了学生的体育运动技能，俱乐部模式的教学在学生自由选择项目进行活动的同时提高身体素质，课内俱乐部的教学在学生运动的同时养成自觉锻炼与终身锻炼的意识，使学生在运动锻炼中培养良好的品德、习惯及竞争意识，也有利于促进学生的身心健康。

（4）教学评价方式不同

课外体育俱乐部教学模式的评价标准主要是学生考勤是否达标，忽略了学生的全面发展，不容易凸显学生的真实运动能力和水平。与之对比，评价方式多元化是课内俱乐部教学模式的优势，更有利于学生多方面的提高和发展，更有利于教师更直观地观察和了解学生。

（5）教学设施要求不同

大多数高校在对项目的设置上仍有一定传统教学模式的影子，还存在一些普遍的运动项目，对于一些对运动场地设施有要求的项目开展起来较为麻烦，作为学校就会忽略该项目的设置，与传统教学模式相比只是表面的改变。课内俱乐部模式的教学对于场地及设施的要求较高，场地设施条件的不足会影响课程项目的设置，积极加强相关设施条件的建设是必要的。

（三）体育俱乐部教学模式的优势

1.教学内容方面

传统的体育教学没有特色，体育课程学习的内容也比较单一，大部分的学习内容就是以跑、跳、武术为主，没有专业的理论指导，部分体育课程多以教师规定的方式和内容进行，学生积极性低，教学课堂上多出现学生聚堆聊天、游戏的现象。而俱乐部模式主要以学生的兴趣爱好为主，学生的自主选择性较大，并且在教学过程中会凸显学生的"重要性"，学生的作用得到发挥，上课的积极性也会更高，并且教学的质量也会相应提升。

2.教学模式方面

传统的教学方式比较乏味、生硬，并且专业性的体育内容难度较大，会使学生产生畏难情绪和消极的心理状态。部分教师在教学方式上，比较古板，学生的接受度不高，致使体育课程学习的目标无法完成，也会影响教师的积极性。而俱乐部教学模式，可以将课外的体育内容与课内的教学内容结合，更好地培养了学生的体育意识，发挥学生的体育潜能，打破了传统教学的约束，学生的积极性被提升，体育教学也可以顺利开展。

3.教学价值方面

课堂由不同的个体构成，个体与个体之间有差距，传统的体育课程在对学生进行评价时，采用统一的标准，会出现表现优异的得分高、表现差的得分低的情况。这种差异对于那些进步比较慢的学生来说，无疑是击碎自信心的一把利剑，不仅不利于学习，还可能出现自卑心理，从而影响整体的课堂效果。体育俱乐部教学模式打破了过去以大纲为学习目标的课程，在同一体育课堂内按照学生的实际情况将其分成不同的组别，各自进行教学任务的学习，更加尊重学生的个体特征和差异，学生学习兴趣浓厚，课堂氛围融洽，进而有效弥补传统体育教学中教师一视同仁的看法。

4.教学任务方面

在选择一项体育运动时，所有的学习内容都将为充实自己打下基础。在传统体育教学过程中，教师布置相同的教学任务，每个学生每堂课学习相同的教学内容，在教学活动中忽视了学生在学习情况上的差异；而在体育俱乐部教学模式中，针对学生进行教学任务的分工，每个层次的教学任务不同，更加满足了学生对于学习内容选择的需求。当学生了解自己所处的环境时，就会具备自主学习的意识，因而教师在完成教学任务、学生掌握体育技能方面就会变得更加容易。

5.教学目标方面

传统体育教学的目标过于单一化，重在强调学生技能的掌握程度，如是否可以参加比赛等。在课堂教学中，每节课的教学目标是不同的，但每节课的目标都是让学生快速掌握技术，教师主动输出，在较短的时间让学生熟练掌握技能，并且缺乏复习时间，不利于学生独立性与创造性的发展；而体育俱乐部教学模式将学生进行分类，充分遵循学生身心发展的特点，从学生角度出发，不过分强求教学大纲的要求，不同组别的培养目标不同，不存在组与组之间的竞争关系。

6.教学评价方面

传统的体育教学在期末结束时，以学生当场的实践情况作为评价学生成绩的唯一标准，以定性评价为衡量标准，即使学生的考试成绩不如往常一样，也是按照评价的最终结果来评定；而体育俱乐部教学模式是将学生分成不同层次，每个层次所制定的标准不同，进步幅度与技能展示评价相结合，综合性地对学生进行评价，主要以学生的出勤率、上课的表现情况及积极性等为主，以技能的掌握程度、进步的幅度和体能训练等方面结合为辅，定性与定量评价的结合，提高了学生对学习的积极性。

7.教学成果方面

传统的体育教学比较注重学生技能的培养，只重视学生能不能学会、能不能学好，不关注学生是不是感兴趣，忽略了对学生心理的观察，非常不利于体育课程对学生体育素养的建设。而俱乐部模式是以学生自身的兴趣点为出发点，引导学生通过体育锻炼养成良好的运动习惯，提升体育锻炼的兴趣，通过科学、合理的学习体育技能改善自身的身体素质，从而达到身心健康发展的教学目标。

8.符合国家相关政策的要求

教育部颁布的《学校体育工作条例》概括了学校体育工作的基本任务，在文件中，国家希望学生可以了解体育，养成锻炼的习惯，掌握体育基本技术，提升自身素质，这些都需要学校来做；国家在 2002 年颁布的《全国普通高等学校体育课程教学指导纲要》中提出了大学体育教育课程的重要性，在大学学习过程中，应培养学生终身体育的理念；在 2016 年 10 月 25 日国务院正式颁布并实施的《"健康中国"2030 规划纲要》中，我国未来的体育道路有了良性的政策引领，学校体育教学有了新的发展方向。所以高校要不断关注体育教学，为学生打造良好的身体素质，每天锻炼一小时，掌握一到两门体育专项技能更说明了党和国家对接班人身体健康的高度重视。学生如果选择网球作为从事终身的运动，通过体育俱乐部教学模式的实施，学生会清楚地认识到自己的不足，同时努力学习，在两三年之内掌握网球技术，为以后的体育运动打下基础。

（四）体育俱乐部教学模式的理论基础

1.规范要求

体育俱乐部教学包括课外体育俱乐部教学、课内体育俱乐部教学以及课内外相结合的体育俱乐部教学。我国当前在体育教学中要求能够尊重学生的主体地位，所开设的教学项目能够满足学生对体育运动的追求，同时体育教学活动还需要在教师的引导下进行自主探索。体育俱乐部要以学生当前发展需求为基础，以提升学生素质教育为目的，以学生兴趣为动力，以学校基础教学设施为依托，以单项运动项目为载体开展教学活动。体育俱乐部教学在教学目标上要符合学生发展需求和国家对学生身体、心理素质的要求，在教学内容上要突出素质教育和能力训练，在形式上要尽量符合社会发展趋势，在课程安排上要尽量满足学生要求。总之，在高校开展俱乐部教学模式，要以国家对人才的需求以及体育课程教学大纲为依据，以学生意愿为基础合理设计教学活动，并对各个教学环节进行规范和约束，以期能够为国家和社会培养出更多、更优秀的人才。就目前来说，虽然许多高校已经开始推广俱乐部教学，但是其在实际操作过程中与国家规范要求之间还有一定的偏差，导致无法充分发挥俱乐部教学模式的优势，比如说国家在规范要求中已经对体育俱乐部教学目标、教学内容、运动负荷进行了明确的规定，但受多种因素的影响，目前还无法完全按照国家相关规范要求进行操作。

2.理论依据

（1）以"健康第一""终身运动"为指导思想

面对当前我国体育运动现状，为改善青少年身体和心理素质，我国在普通高校体育教学中提出"终身体育"的教学理念，要求高校能够以培养学生终身运动意识为目的开展教学活动，让学生养成良好的体育运动习惯。同时学生还要能够以体育运动项目为基础提高自己的运动技能，培养健康体魄。自我国开始进行新课改以来，在普通高校中也同样强调学生素质教育，因此高校在开展体育俱乐部教学时也需要遵循素质教育需求，重视学生兴趣培养，从而为社会、为国家培养出创新型人才。

（2）以体育课程理论知识为指导

在传统教学方式下，学校开展体育教学课程是为了通过该课程让学生了解体育理论知识，熟悉体育文化，掌握基本的运动方式和运动技能，同时传统体育课程还期望通过体育运动训练，培养学生体育运动实践能力，提高学生综合素质。体育俱乐部教学是在传统体育课程教学基础上所发展形成的一种新型教学模式，该模式在传统教学目标的基础上，提出了对体育素养、体育意识和健康体育的要求，因此在实行俱乐部教学模式时，可以在传统体育课程理论知识的基础上进行教学内容、教学方式改革，转变教学主体，发挥俱乐部教学优势。

三、俱乐部模式开展的重要性

大学体育课的开展是提高学生身体素质发展和养成锻炼习惯的必由之路，而随着社会的发展，传统的教学模式开始显现出越来越多的弊端。为了改变这一现状，发挥出体育的作用，大学的体育教学必须做出改变。

（一）提升学生兴趣，培养体育精神

为了适应不同学生的发展需要，在大学体育教学中运用俱乐部教学模式，就可以满足各个阶段的学生需求，学生可以根据自身的喜好选择适合的体育项目。在俱乐部教学的模式中，教师主要是引导学生进行正确的学习体育技能，学生是课堂的主体，在这过程中，教师要引导学生科学、合理地开展体育运动，并且在运动过程中，让学生积极参与，并且多思考、多交流，可以拉近学生与教师的交流，课堂的氛围也会更加轻松、愉悦。

（二）有利于学生"人格"的培养

大学阶段的学生已经属于成年人，但是始终没有真正地踏入到社会当中，对社会的现实没有深层的了解。而在大学体育教学中采用俱乐部教学，学生都是来自各个年级的，像是一个社会中的"小团体"。因其具有丰富的教学形式和内容，学生之间的磨合相处与参加工作的环境较为类似，可以加强学生的人际交往能力。并且在教学当中，教师可以引导学生树立正确的价值观念，加强学生的人格培养，让学生在"兴趣"运动中自主学习、自主探究，关注每一个学生的进步和发展，让其在社会中遇到苦难、困境时能够乐观面对。

（三）有利于弘扬体育文化

在网络技术发达的现阶段，学生接收信息的速度和渠道更多、更快。通过信息技术，学生了解到了很多国外的体育文化，其中像跆拳道、攀岩、足球等项目也受到很多大学生的追捧。随着经济全球化的发展，弘扬我国的体育精神也成为一项重要工作，像我国有很多武术学校，而部分学生对"中国功夫"非常着迷，因此在大学体育俱乐部的教学模式中，可以引入武术课程，根据学生的基础和接受程度设立不同阶段的课程。这样的设置可以让每一个学生都感受到我国的武术文化，不仅可以通过武术强身健体，而且还可以通过武术的练习感受我国历史文化的悠久，对武术文化有更多更深的了解，将我国的体育文化弘扬出去。

四、构建体育俱乐部教学运作模式

（一）构建体育俱乐部教学运作模式的思路

1.更新教学理念

为了促进体育俱乐部的发展，高校必须在思想上重视体育俱乐部的发展，摒弃旧的教学理念。只有有关教育部门和高等教育机构共同努力，创造良好的物质条件，增加对体育活动的投资，才能确保学生在体育活动中有适当的空间。管理者的教育观念在与时俱进的同时，不仅会增加体育经费的投入，而且有利于高水平教师的引进和培养。

2.建立体育俱乐部管理系统

为了构建高校体育俱乐部的教学模式，必须建立完善合理的运作体系，明确各部门的职责和义务，管理人员和教师的身份和任务要分开。同时，要继续加强学校体育设施建设，完善高校体育课程选课方法，适时引进专业管理人才，确保俱乐部教学模式的有效运作。

3.建立单项俱乐部

体育项目有很多种，但不一定都适合应用到高校体育教学中去，针对地方本科高校体育教师的基本情况、教学条件与体育设施，地方高校可以适当有针对性地建立一些单项体育俱乐部，根据原有的特色和地方特色开设一些项目，包括民族传统体育、球类、健身健美等。球类俱乐部包括网球、羽毛球、排球、足球、篮球、乒乓球等俱乐部；民族传统特色俱乐部包括空竹、龙舟、舞龙、舞狮等俱乐部；健身俱乐部包括散打、空手道、柔道、跆拳道、女子防身术等俱乐部；健美俱乐部包括健美操、啦啦操、体育舞蹈、瑜伽等俱乐部。要建立体育俱乐部，必须构建网络俱乐部，即建立高校课程选课的专业网站，使学生可以独立选择课程，了解进入社团的条件，促进校园体育文化的提升。学校体育教师队伍的基本情况应由学校的公共体育部门和教务处通过学校网站公布，并应编写相关手册，让学生对体育俱乐部有更深入、更全面的认知，从而正确引导学生选择自己喜欢的专业和教师，同时也让学生按照自己时间选择上课时段。假如在课程开始后有新学生加入，新加入的学生需要填写申请表，在了解他们的身体状况及对所选项目的熟悉程度基础上再确定是否接纳，这有助于教师在进入体育俱乐部后设计教学任务。当然，学生本身也应该有选择权，需在教务处或高校公共体育课部设立相应的转会制度，让学生在俱乐部之间自由转会。

4.分层次教学

高校体育俱乐部教学模式的构建应划分为初、中、高三个层次，有利于满足不同层次学生的需求，最大限度地放弃了传统教学模式的短处。学生在选择项目时，可以根据自己的身体状况和兴趣进行选择，不同层次的教学方法不同，可以满足不同层次学生对体育的不同需求。在教学内容的安排上，可以根据俱乐部的初、中、高层次来构建合适的教学目标。

（二）体育俱乐部教学运作模式

1.组织架构

吸取相关成功经验是普通本科院校体育俱乐部模式建立的基础，设立符合本科院校校情、独具本地特色的体育俱乐部教学模式，相关部门应当制定相关的政策法规，对普通本科院校体育俱乐部教学模式的构建给予支持。学校应承担俱乐部教学模式的监督管理职责，并监督相关实施过程；学校体育部承担着教学的决策系统，所有的关于体育俱乐部的信息必须经过学校体育部的决策；各单项俱乐部的责任人、体育任课教师和学生组成了俱乐部模式的具体执行体系。如果在管理和教学方面出现问题，教师和学生应积极有效地向学校体育部汇报，然后由体育部处理反馈意见，并根据反馈意见公布新的体育俱乐部政策，如果在实施体育俱乐部期间出现问题，学校和体育部应共同努力解决这一问题。

2.课程设置

（1）选课

在教师的引导下，进行网络选课或现场选课（第一堂课），打破以往的专业班级，进行重新组合，从而满足不同层次、不同爱好学生的需求。

（2）课程学时设置

多数学校的总学时为144个学时，大一、大二两年内学完，大三、大四为体育选修课，但这样明显不符合高校体育俱乐部培养人才的基本要求，需在8个学期增加体育课程的课时。

（3）课程内容

课程内容由课堂内容和课外内容两部分构成。课堂内容主要包括体育基础素质和专项技术技能的学习；课外内容形式多样，涵盖体测、校园各类体育活动与竞赛、阳光体育锻炼、校园体育文化活动、区内外和全国各类体育竞赛等。课堂教学内容中体育基础素质主要是发展学生的力量、速度、耐力、协调性、灵敏性、柔韧性、平衡性等身体机能；专项技术技能的学习主要是学生从足球、篮球、排球、网球、乒乓球、武术、健美操、啦啦操等俱乐部中选择学习1~2项体育技能，为培养终身体育锻炼习惯打下基础。

课外体育内容具体表现为：学生每年必须完成国家规定的体质健康测试，测试成绩与学生的各类评奖评优和毕业直接挂钩；阳光体育锻炼，学校购买步道乐跑系统，让学生下载安装 APP，学生按要求完成每学期的公里数和跑步次数；俱乐部组织的各类活动与竞赛、校园体育文化活动，学生必须每学期至少参加一次；能代表学校参加自治区级或国家级比赛的学生，则可以在体育成绩和评优评奖方面适当倾斜。

（4）分班

俱乐部可分为普及班和提高班，其间学生都可以依据自己的个人条件和兴趣爱好自主选择，最少选 1 个俱乐部，最多只能选 3 个俱乐部。教师会依据各个学生的自身条件和技术高低，排出普及和提高两个不同水平的班，安排学生去上课（其中提高班的目标高、要求严、内容繁杂、进度快、质量高，可代表学校进行比赛；普及班的进度慢、强调基础、多重复学习）。每个层次都有相配套的教学计划、授课安排、教学要求以及教师自己独有的教学模式。难度越高的所教授的知识和技能就越具有挑战性，考核所获得的分数就会越高，因此学生更需要大量的独立锻炼。在教学内容上，每个层次都不是简单的知识和技能的增减，而是根据不同层次学生的身体条件和技能，合理定位不同层次的教学要求。在教学中，教师应从内容、难度和标准等方面进行必要的划分，以促进学生达到更高的水平。

（5）教学人数限制

为保证教学质量，一般意义上实行男女分开教学，部分活动可以男女一起上课，班级人数原则上为 25~35 人（像小球类及高层次班级人数可适当递减，但对高层次班级学生应采用动态教学管理体制，即升降级制度）。

（6）教学时间

为增加体育教学俱乐部的教学时间和空间，创造有趣、宽松的学习和运动氛围，俱乐部教学时间除正常上课时间外，可以延续到周末时段（9:00—22:00）。

3.实施办法

体育俱乐部以体育部为中心，在体育部的集中领导下，由单项体育俱乐部独立开展体育教学、训练、比赛、宣传等活动。"普通本科院校构建体育俱乐部教学模式首先确立好相关的政策，以体育部为中心建立单项俱乐部，并制定出每个级别会员学习的教学计划和教学大纲"，初级会员的学习应围绕课程计划来学习，高级会员可以根据学生个性的发展特点和实际需求，在教师的指导下制定学习大纲，中、高级学员在体育教师的统一领导下，组织不同形式的教学课和训练课，通过学生在体育俱乐部的学习共同营造学校的体育文化氛围。

4.师资队伍建设

要建立具有自身特色的体育俱乐部教学模式，必须提升高校教师的整体素质。拥有正确的价值观，提高自身修养，善于学习新的相关领域知识，不断提高自己的专业水平，善于接受新事物，要加强引导学生自主学习，这是高校体育俱乐部教练员应具有的素质，这样可以给广大的高校学生创设更加完备的活动空间。

（1）加强新型体育教师队伍建设

体育教学模式的必要配置就是高水准的教师队伍。因此，根据地方高校教师学历分布现状，应持续引进高学历、高素质体育人才，从源头上提高学校体育教学质量，实现体育教学目标。其次，在网球、瑜伽等新兴项目中引进具有较强专业素养的人才，增加项目类型。最后，合理安排体育教师职称，加强教师的职后教育，提高教师的科研和教学水平。

（2）加强体育教师的职后教育

加强本科院校在职体育教师的继续教育，是提升教师综合能力的有效途径。普通本科院校在体育俱乐部教学时，要及时规划和培训教师，逐步提高教师的专业素质，积极安排新入校体育教师的在职培训。培训的内容应具体多元、跟随社会发展，从而达成教师工作能力不断提升的目标，应对学校体育的不断改革。

（3）体育俱乐部教师的培训计划

普通本科院校发展体育俱乐部模式必须完善体育俱乐部教学的师资力量，而担任体育俱乐部教学的教师，不仅要求具有非常强的专业理论知识和技能，而且需要具备一定程度的管理水平。教师在体育俱乐部中定位是组织者和辅助者，这与一般意义上的体育教学模式中教师角色定位略有不同，所以需要教师摒弃以往的教学方式，重新制定适合于体育俱乐部教学的新方法。所以，本科院校需要对体育教师开设俱乐部教学的学习培训，根据俱乐部教学的特性强化教师的专业素养和实践水平。

（4）增强教师的管理体系建设

体育俱乐部的用人制度建设，是体育俱乐部教学的需要，也是解决普通本科院校体育教师管理问题的方法。首先，实行聘任制。普通本科院校应依据教学要求和目的，先合理分配工作任务。依据体育教师的能力素养、技术等级、科研能力和身体素质，签订相应的体育教师责任书，依据责任书的具体内容给教师合理分配工作。还要不定期地以公开的方式对体育教师进行考核，同时，考核结果要运用到年终考核中去，要与教师的职称与绩效挂钩。作为学校，应该对教师责任书进行管理，如果教师连续没有完成任务，则需要将该教师调离教学岗位，进行新的培训。其次，合理设立教师岗位。制定体育教师管理制度，依据教师管理制度，进行合理设岗，在设岗的同时，要进行公平、公开、公开的选拔。再次，完善考核方法。为解决教师评职称的公正性，应当推进教师考核方式的公平性，重视教师的平时评价和年终考核，将学评教、教评教等多种评价方式引入其中，适当听取领导干部、教授对教师的评价意见。这样的方式不仅可以推动教师之间的竞争，也可让本科院校的师资水平不断增强。

五、体育俱乐部教学模式优化对策

（一）健全教学管理体系

要在高校体育教育中有效实施俱乐部教学模式，将俱乐部教学模式的作用充分发挥出来，就要准确地进行俱乐部的定位。

第一步，校方在进行俱乐部教学模式前应进行体育俱乐部的设置，设置完善的俱乐部管理机构，保证体育俱乐部的正常运行。

第二步，落实体育俱乐部的各项管理制度，明确岗位职责，提升俱乐部的管理水平，这是高校体育俱乐部教学模式正常运转的基础性工作。

第三步，应积极与社会相关领域进行交流与合作，发挥出体育俱乐部应有的社会化效果。在我国，高校体育与社会体育是相对独立的，却又相互关联，相互影响。所以，我们要根据本校体育教育课堂的教学情况，进行体育俱乐部的准确定位，将高校体育与社会体育联系起来，发挥出体育俱乐部的作用，有效提升学生体育应用能力。

（二）完善体育俱乐部管理制度

俱乐部教学模式的实施影响因素众多，一旦体育俱乐部的管理制度出现问题，就会影响到俱乐部教学模式的教学质量。进行高校体育俱乐部管理制度的完善，一定要结合高校体育的实际情况以及体育俱乐部的建设情况，构建健全的管理体制，让俱乐部教学模式的开展能够有理有据，促进高校体育教学中俱乐部教学模式的有效开展。

由于各个高校的教学环境存在差异，体育俱乐部的教学规模并不相同，我们也要借鉴国外体育俱乐部的规章制度，再总结本校的体育教学情况，进行体育俱乐部管理制度的改进以及完善，使体育俱乐部教学模式能够顺利实施。

（三）全面贯彻俱乐部教学理念

高校体育教育要实行体育俱乐部教学模式，要全面贯彻以学生为本的教学理念，将学生放在体育课堂的教学主体位置，以学生的兴趣为切入点，按照本校体育教学的实际状况来进行教学方式的改革，发挥出体育俱乐部的作用。第一，在坚持以学生为本的教学原则的前提下，对学生基本情况进行调查和了解，总结学生的兴趣需求以及学生的身体素质情况，制定出相应的体育教学课程，提升学生对于体育课程的接受程度，激发学生兴趣，提升体育教学质量；第二，在高校体育俱乐部教学模式下，应摆正教师在课堂中的位置，清楚地认识到课堂上教师与学生的教学关系，充分发挥出体育俱乐部教学中学生的教学核心效果。高校体育俱乐部教学模式下，要加强教师与学生之间的互动性，积极鼓励学生，并引导学生能够积极参与体育活动，增强学生的综合素质，来促进学生的全方位发展。

（四）明确体育教学俱乐部建设目标

体育教学俱乐部模式在本科院校的应用就是通过多样化的体育项目及形式，来调动起学生积极参与体育学习的热情与动力，以此来帮助学生养成良好的体育锻炼习惯。因此，这就需要教师明确体育教学俱乐部模式的建设目标，彻底对传统的自然班教学形式进行转变，并且结合本科院校自身的教学条件、体育的文化传统以及教师的专业特长、学生的兴趣喜好等，制订体育俱乐部教学的计划与方案，从而为体育教学俱乐部模式的开展奠定基础。

其中，体育教学俱乐部建设的目标，教师可以从以下几个方面入手：（1）培养学生的体育兴趣、形成终身体育意识；（2）加强学生的体育知识与技能，强化学生的身心健康水平；（3）发展学生的综合能力；（4）塑造学生良好的体育道德与精神；（5）锻炼学生的社会交往能力等目标，从而确保体育俱乐部教学的有序进行。与此同时，体育俱乐部教学模式要以学生的需要为奋斗方向，实现一切为了学生的教育初衷，去进一步满足学生个性化、主体性发展的目标。

（五）优化体育俱乐部教学的过程

体育教学俱乐部模式实施的目的，在于将学生的需求作为教学的前进目标，所以教师要加强对体育俱乐部教学过程的优化与改革，以此来确保各个环节的教学正常、顺利地进行。

首先，体育俱乐部以体育课堂为主，不仅要对学生进行相关教学内容的讲解，还要加强对学生的体育文化知识传授，同时强调体育教学过程的通识性、技能性与应用性。其中过程教学包含三个部分的内容：一为专修内容，是系统、全面传授项目的技术与方法，这是体育俱乐部教学活动的主体，更是构建学生体育知识体系，强化学生体质的有效途径；二为自选内容，需要学生根据自身的知识水平需求制定，目的是提升学生构建知识的能力，创造出良好的教学情境；三为活动内容，目的在于促进各类学生的不同特长发挥，这对学生的体育运动能力、终身体育意识与习惯的形成具有很大的帮助。

其次，对于体育教学俱乐部模式的教学过程优化，教师还需要根据以下三个方面进行研究。一为创新性。因为全新的教学理念提出更加注重体育教学的条件，包括教学的环境、器材及场地等，所以这就需要体育教师以系统的观点构建全新的教育体系，并且在日常的教学中，能够创造性地运用新颖的教育理念，加强对学生个性化学习需求的了解，以此来为学生选取与之对应的教学内容和活动。二为系统性。由于现代化的教育模式，相比传统的教学模式，其差别在于完整、系统地选择有效的教学方案，强调教学过程与学生学习过程的统一性。三为实用性。这就需要教师能够将体育教学融入社会体育之中，培养学生自主、创造性地进行体育活动时，促使学生的社会属性融入体育活动之中，以此来增强学生的社会适应性与实践能力，从而实现体育俱乐部教学质量与实效性的明显提升。

（六）丰富体育教学内容

从教学内容调查中发现当前民办高校体育俱乐部教学内容缺乏针对性，所设定的教学较为系统，没有明确的教学目标，因此民办高校要在当前基础上丰富体育教学内容。首先，在动作技能教学中要结合俱乐部的特点以及社会需求进行教学内容设计，这样才可以提高学生的社会适应能力。其次，教学内容要符合大学生身心特点。理论课可以增加运动生理、卫生保健、运动心理等专项课程，而实践课则可以增设民族舞、轮滑、登山等运动项目，让学生掌握更多的运动技能，从而为培养学生终身运动意识奠定基础。最后，还需要以学生意愿为主丰富教学内容。体育俱乐部教学本身就是以学生的兴趣为依据所形成的教学形式，所有参加俱乐部的学生都对该项目抱有浓厚兴趣，因此在进行教学内容制定时也需要综合考虑学生的意愿，如果某一个运动项目很少有学生参加，则可以取消该项目教学。

（七）多元化教学方法

由于俱乐部的教学内容不同，因此教师在进行教学时要使用多元化教学方法，并根据内容选择合适的教学方式，这样才可以为学生创造一个良好的学习环境。具体来说，教师可以采用问题教学法、项目教学法、示范教学法等一些较为新颖的教学方式，增强学生学习兴趣。同时教师还需要注重采用多元化教学方法优化教学过程，让学生能够乐在其中，真正掌握体育知识和运动技巧。

（八）合理选择教学活动组织形式

俱乐部教学模式要求教师都具有一定的专项教学能力，然后以此为基础开设体育教学课程。在每次选课之前教师需要在公共平台上发布自己的专项技能、开设课程等基本内容，学生可以根据所公示的内容结合自己的课程安排进行自由选课。俱乐部教学模式并不是专项教学课，因此在进行教学时要尊重学生的主体地位，倡导采用探究式自主式教学模式。首先在教学活动组织形式上要打破传统体育教学模式的限制。在传统体育教学模式下大都是每周白天一次 90 分钟的课程，在体育俱乐部教学模式下可以将上课时间改为晚上或者是周六日，上课时间也可以灵活安排。其次在教学活动组织形式上也要多样化设置。既可以在体育场内开展教学活动也可以在野外组织教学活动，比如说对于攀岩等运动，就可以组织具有一定攀岩能力的学生到野外参加训练，这样既可以激发学生对体育运动的热情，还能够收到良好教学效果。

（九）合理选择教学模式

民办高校开展俱乐部教学式有多种不同的模式，教师在进行教学时要合理选择教学模式，从而发挥俱乐部教学的作用。高校单项体育俱乐部教学主要是以民办高校当前教学设施为基础所开展的单项体育教学活动；课内体育俱乐部教学就是以课堂教学为主要形式所开展的一项教学活动，该教学模式在组织形式、教学方法、教学时间上打破传统班级授课限制，倡导自由探究式学习；课外体育俱乐部是课内教学活动的延伸，其主要是组织同一兴趣的学生在课外时间参加体育教学或者是体育活动的教学模式。在该模式下可以培养学生终身运动意识。三种不同的教学模式各有侧重点，民办高校在进行体育俱乐部教学时，需要根据自身特点以及教学实际情况合理选择教学模式。在本次调查中发现民办高校体育教学设施比较落后，因此采用单项体育教学模式更为合适，但是在具体教学时，还需要根据学校的实际情况，将课内俱乐部教学和课外俱乐部教学模式融入其中。

（十）提高师资力量

高校要注重教师队伍建设，首先可以组织本校内的优秀教师进行继续深造学习，提高教师专项技能，优化师资队伍结构。同时学校还可以从俱乐部中选取优秀的教师作为"准体育教师"进行培养。然后以教师为组长，以"准体育教师"为成员组成专项教学小组，小组内的每一位成员都能够指导参加俱乐部学生进行训练，从而缓解教师压力。其次民办高校还需要从外部引进专业教学人才，为民办高校引进专项教师，保证学校所开设的俱乐部项目能够有专业教师进行指导和训练。

（十一）更新管理人员观念

高校管理人员对体育俱乐部教学模式的认可程度、重视程度直接决定了其在教学管理时的教学理念。因此民办高校管理人员要能够更新自己的教育教学观念，将体育俱乐部教学落到实处，只有这样才能够为俱乐部教学模式的发展提供良好的发展空间。同时高校管理人员要加强自己对俱乐部教学模式的认识，才能够加大教学投入，改善校园内教学基础设施，为学生提供良好俱乐部教学条件。除此之外管理人员更新观念，才能够加大教师培训和引进力度，为学校培养更多专项人才，提高师资队伍水平。

第四节　混合式教学模式

一、混合式教学

混合式教学是在教师主导性与学生主体性原则前提下，有机整合网络与实体课堂教学优势，从学习者和教学者双方面需求进行前期分析，基于教学目标、教学环境、教学资源、教学内容、教学时间、考核标准、教学评价七点教学设计进行混合，以提高教学效率为目的的一种教学模式，具有包容性与灵活性。

（一）理论基础

1.建构主义理论

皮亚杰（J.Piaget）提出的建构主义理论是认知发展领域中至关重要的理论基石，它的产生对教育领域的发展起了巨大的推动作用。建构主义理论特别注重以学生为中心，强调学生主动对自身认知结构的建构，认为学生的学习活动是需要根据现有的认知结构去主动探索和发现新知识，在现有的知识基础和认知结构上对新知识进行理解，并对新知识进行合理的解释，在大脑中对新知识建构起自己的理解意义，从而达到消化和吸收新知识的目的。建构主义学习理论认为，合作学习可以帮助学生学习和探索新知识，主动学习和合作探究对学习者的认知发展起着至关重要的作用。在线上线下混合式教学模式中，教师能够发挥其在教学活动中的主导作用，利用网络平台提前为学生准备大量的线上学习资料，通过课堂提前布置或线上指导，让学生自己首先对新知识进行主动学习，进行有意义的建构，同时，利用网络平台给学生创建随时交流讨论、合作学习的平台。这样，让学生在线上课程提前学习，教师再根据学生在线上学习的情况来设计和安排线下课程的内容，这种以学定教的方式，可以让教师更好地了解学生的学习情况和认知结构，提高课堂教学内容的针对性，实现线下课程的高效率。

从学生的角度看，对新知识的意义建构和对旧知识的重组是建构主义学习理论的两个重要内容。建构主义学习理论认为，学习需要学生主动地对新信息进行建构，而不是被动地接受新知识信息的刺激。新知识的获得，需要学生在现有知识的基础上，对新知识进行编码和认识，对旧知识进行调整和重组，从而在认知上进一步构建有意义的新理解。从教师的角度来看，教师是学生进行意义建构的指导者、促进者和帮助者，而不再是像传统教学那样单纯的知识呈现者。在建构主义学习理论中，教师扮演着学生认知建构的合作者、学习伙伴和辅导者，在教学中发挥着主导作用，而学生是信息处理的主体，是知识建构的主动者。

在线上线下混合式教学过程中，学生在上面对面的线下课前，根据教师提供的学习视频及其他辅助资料灵活地进行自主学习，主动地对新知识进行有意义的构建。在进行面对面的线下课程时，教师首先根据学习内容和学生的线上学习情况指导学生开展交流讨论和小组协作，然后根据学生的交流和讨论的表现、结果进行指点和引导，从而促进学生认知水平的发展。这就体现了建构主义学习理论中，以学生为主体、以教师为主导的"双主"教学特点。

2.人本主义理论

人本主义学习理论是二十世纪六十年代兴起的思潮，美国社会心理学家马斯洛（A. Maslow）和罗杰斯（C. R. Rogers）是这种心理学思潮的主要代表人物。人本主义学习理论的本质是探讨如何更好地培养不断发展的完整的人，它以促进学生发展为中心，强调学生在教学活动中处于主体地位。人本主义学习理论认为，人类自身具有自我实现的需要，而这种自我实现的需要正是人类学习成长的内在驱动力，因此，人类会自发地去学习，获得新技能或知识，进行有意义的学习。由此可见，人本主义学习理论奠定了线上线下混合式教学模式的理论基础。线上线下混合式教学模式所倡导的线上自主学习理念是人本主义思想的最直接体现，它的实质是培养学生的自主学习能力，让学生自主地学习探索新知识，主动提前了解学习新知识，加深对新知识的认识，主动参与和投入整个学习过程中，这践行着以"教师为主导，学生为主体"的科学教学理念。在应用线上线下混合式教学模式时，不管是在线上课程的组织和实施，还是在线下课程的教学中，教学材料的选取、课堂活动的设计，都要坚持学生的主体地位，从学生实际的学习基础和学习需求出发。

3.关联主义理论

关联主义是由乔治·西蒙斯（George Siemens）提出来的，又称为"联结主义"或联通主义。乔治·西蒙斯认为它是一种适用于网络时代的学习理论。该理论考虑了学习的趋势、学习网络与技术的使用，以及不断缩短的知识半衰期。关联主义认为，学习不但存在于单个个体，而且存在于各个节点中，所以有必要连接起来各个有关联的节点或信息源，形成强大的学习网络。这种将一个个分散的个体或信息源连接起来的学习网络，可以使学习者获得比单个学习个体单枪匹马状态更重要、更多的知识。这种把个人与组织连接起来的学习网络，统合了组织学习和个体学习，使学习者在交互过程中实现相互学习、相互启发、共同进步。关联主义认为学习可以在电子设备上进行，学习能力比当前掌握的知识更重要，学习没有固定的要求和界限，学习者可以根据自己的兴趣和学习需要选择对自己有用的学习内容。线上线下混合式教学就是突破时间和空间的限制，利用网络平台或使用电子设备使教室延展，使课堂延伸，把学习个体和学习组织联结成学习网络的培养学生自主学习能力的教学方式。

（二）混合式教学模式的优势

1.学生学习方式更加灵活多变

在传统高校公共体育课程教学中，以校园为背景，教师教给学生动作，然后学生跟随教师学习。而线上线下混合教学模式的应用让课堂限制被打破，学生有更加灵活的学习渠道。具体来说，体育学习不再是以校园以课堂为背景的单一活动，它成为一种多变性活动，随时随地都可以发生。随着互联网技术在高校公共体育课程教学中的渗透，学生的学习方式、学习渠道等发生巨大变革，如出现了协作学习、社区学习、自主学习等多元化学习模式。高校学生逐渐通过电脑、手机等渠道去学习，这是必然的发展趋势，他们的学习方式更加灵活、多变，学习趣味性也因此得到提高，其学习积极性被调动，接受知识更加快速、便捷。

2.教师教学方式更加民主高效

在传统高校公共体育课程教学中，学生和教师的关系比较单一，呈现出学与教的关系，教师采取的教学手段通常是填鸭式，拥有绝对的话语权，学生处在被动的位置。而线上线下混合教学模式的实施让知识的获取更加简单、容易，这让教师的知识话语权被削弱、瓦解。从某种程度上说，互联网技术的发展促使知识话语权平等化，学生的学习场所、平台也得到拓宽，由课堂延伸至网络，教师不再"垄断"知识传授。这样，师生关系也就会越来越趋向民主化、平等化。更重要的是，学生回归主体位置，这会反过来促进教师不断优化教学方式，有利于实现体育教学高效化。

3.体育教学环境更加多元开放

在传统高校公共体育教学中，教师与学生面对面互动，处在同一个空间，整个教学过程都在学校这个单一的空间完成。而线上线下混合教学模式的实施将这种传统教学模式打破，如新兴的微课程、慕课等都给学生以及教师提供优质的服务，教学模式以及学习方式变得更加灵活、自由。由于互联网技术的发展，体育课程教学不再拘泥于密闭、单一的校园环境，而是一种融合了现实与虚拟、线上与线下的多元化教育。具体来说，高校公共体育教学手段更加多样化，通过网络平台，学生可以即时接受体育教学，学习各种各样的体育技巧。此外，随着互联网技术的发展，体育教学环境会更加开放，一方面，学习渠道被极大地拓宽，另一方面，教学资源得到最大化利用。

（三）体育混合式教学的价值

1.破解传统体育教学模式的困境

在互联网+、智能化信息技术发展的今天，教师已不再是信息的唯一来源。传统的"以教师为中心""填鸭式""放羊式""安全式"等体育课堂教学，难以适应信息化时代的要求，也无力解决学分压缩、学时减少与对体育能力要求提高之间的矛盾，因此需要拓展课堂，拓宽渠道，借助信息技术促进体育教学的发展。

2.避免单一线上学习模式的缺陷

20世纪90年代以来，e-learning在教育领域得到了迅速发展，但实践证明：在线学习虽然缺乏学校的人文和学术氛围，难以直接感受到教师的言传身教和人格魅力，学习者容易产生孤独感，对设备和环境的依赖较高等，但是不能替代传统的课堂教学。2014年MOOC风潮逐渐降温，人们更加回归理性，意识到单一在线学习模式的缺陷，逐步转向混合式教学模式。

3.助推信息技术与体育教学深度融合的改革产物

一方面，在线学习具有自身优势，如教学资源丰富、学习不受时间地点限制，这些都是传统面授课堂无法比拟的。另一方面，传统面对面教学也有自身优势，如便于提供情感支持等。而混合式教学正是追求发挥二者各自优势，相互补充，为学习者创建连贯、灵活、丰富的学习体验，以达到高效、高质的学习效果。国家诸多政策文件也提出了发展混合式教学的要求。国家强调通过教育信息化促进教育现代化，而教育信息化进程已从强调软、硬件基础设施建设的初始阶段进入强调应用，尤其是教学过程中应用的深入发展阶段。混合式教学正是对信息技术的深入应用，是信息技术与课程深度融合的产物。

4.新时代提升大学教师专业发展的客观需要

技术不会自动发挥作用，教师的作用至关重要。任何教育变革最终都要通过教师的教学行为去落实，教师的教学行为是否有效，直接关系到学习的成效。同理，混合式教学的优势不会自然发生，它不是技术和教学的简单叠加，是技术与教学的融合性创新，而教师制约着混合式教学的效果和质量，因此，混合教学能力也正成为教师专业发展中不可或缺的一部分。

二、混合式教学设计

（一）线下教学设计

1.学习资源设计

线上线下混合式教学模式的优势在于它建立在互联网技术之上，而互联网技术具有开放性，这是它最主要的优势。随着互联网技术在教育领域的广泛应用，越来越多教学资源在网络平台上实现了共享与完善，这为公共体育课程教学的开展提供了丰富的素材，尤其是慕课的出现，为教师开发课程资源提供更加广阔的渠道。在线上线下混合式教学背景下，教师应充分利用互联网技术开发对教学有益、有价值的教育资源，并且根据教学目标、学生实际情况做好筛选工作，以此丰富在线学习平台的内容以及表现形式，将学生学习兴趣唤醒。

2.学习任务设计

与传统的体育教学形式不同，线上线下混合式教学强调学生课前自主学习，而且这是一个非常重要的环节，直接影响整体教学质量。除了给学生提供丰富的学习资源，教师还要为学生设计学习任务，让他们在学习任务的驱动下自主学习。在设计学习任务时，教师应结合教学目标、教学大纲、学生认知特点等，将体育课程设计成很多个学习单元，遵循由易到难的原则设计学习任务，明确学生的学习目标。学习目标必须要做到细致化、具体化，划分成不同难度级别，引导学生逐一完成，以此增强他们的自信心与成就感，驱使其主动、自觉地完成任务。

3.学习平台设计

在线上线下混合式教学体系中，学习平台发挥重要作用，这是联系资源、学生和教师的渠道，教师需要借助学习平台发布学习资源与学习任务。与此同时，学习平台是教师与学生沟通的载体，是反馈问题的渠道，教师还可以用它监督学生学习情况，消除他们在学习中的孤单感。通过在线平台，学生可以与同学分享自己的学习心得与经验，一起探讨自主学习过程中遇到的问题，形成学习小组，同时可以与教师实时交流与沟通，而教师也可以通过在线平台与学生互动，鼓励他们，给予实时指导，从而保证教师指导的现场性与即时性。依据线上线下混合式教学模式特征，可以将学习平台设置成以下几个模块：QQ群中展示成果以及上传学习资料，微信教师进行在线答疑与指导。

（二）线下教学设计

1.检测阶段，及时发现学生存在的问题

由于在课前阶段学生已经学习了相关知识，所以教师在课堂开始阶段先要检测学生学习情况，以便确定接下来的教学重点。通过检测，教师对学生课前学习的情况就能做到详细了解，而且能够发现他们存在的问题，尤其是薄弱环节。众所周知，体育学习从本质上来说就是学习运动技能，可以通过运动员身体表征展现出来，要想提升他们的学习技巧，需要强化学生对各项体育动作的掌握。通过课前检测，教师可以直观地看到学生技能不到位的地方以及理解上的误区。

2.释疑阶段，组织学生分析出现的问题

在线上学习过程中，大多数学生都是机械地模仿视频中动作而掌握运动技巧，并未真正理解每个动作背后的内涵，部分学生甚至存在理解错误。与此同时，线上沟通有局限性，这让很多学生在线学习并不理想。而线下教学在这方面有着不可比拟的优势，教师通过检测活动发现学生的问题，然后再将有着相同问题的学生分成一个小组，让学生展开分组讨论，与同组的成员合作、探讨，找到解决问题的方法与技巧，交还学生主动权，确保学生真正参与知识建构。

3.实践阶段，促使学生理解并消化知识

在线下教学过程中，实践阶段是一个非常重要的阶段。从某种程度上说，线上教学的重心是体育理论教学，而线下教学的重心是体育实践教学。实践是检验真理的唯一标准，所以，在学生找到解决问题的方法后，教师应借助体育技术动作形式带领学生验证得到的结论，真正解决他们的问题与疑惑。与传统体育教学不同，线上线下混合教学模式打破了课堂上学生模仿、教师示范的局面，强调的是教师引导学生自主探究知识、解决问题。所以，实践阶段在线上线下混合教学中尤为重要，教师让学生去练习，通过实践活动验证讨论出来的答案。

4.展示阶段，提高学生体育学习积极性

展示即反馈学习效果，教师要求学生以个体或团队为单位展示学习成果，然后再组织学生进行自我评价与生生互评。首先，就自我评价来说，这是学生阐述学习思路、方法和个人想法的过程，有助于教师深入了解学生的学习情况，在这个基础上发现他们的问题并给出针对性的指导。其次，就生生互评来说，这可以促使学生互相借鉴，取长补短。教师让学生以个人或小组为单位互相评价，既要指出对方的不足，也要同时学习对方的优点与长处。综合学生的自评、互评结合，教师再针对学生的薄弱环节进行指导，帮助学生巩固与强化，促使他们构建完善的知识结构。除此之外，对于先进的个人或集体，教师还可以以视频的方式将他们的运动过程记录下来并上传至平台，这样既能丰富课程教学资源，又能发挥榜样的带头作用，营造浓郁的学习氛围，利用这些先进的个人或团体激发学生体育运动积极性，促进体育课程教学质量与效率的提升。

三、混合式教学效果提升的对策与建议

（一）提高学生学习自主性

建构主义学习理论强调"以学生为中心"，注重学生的学习自主性，认为学生只有主动地对所要学习的知识和信息进行加工处理，理解消化，才能在大脑中对新知识建构特定的意义。学习自主性是指学生在教师布置学习任务后，能够明确短期的学习任务和长期的学习目标，并且能够自觉主动地按时按质完成和实现的学习模式。学生学习的主体自觉是指学生充分认识自己在学习过程中的主体地

位，并自觉地把这种主体意识贯彻在实际的学习行动中。激发学习自觉，能够有效地提高学生学习的自主性，从"要我学"蜕变为"我要学"的主体自觉。学生学习的主体自觉于学习效果而言，如同树根与树苗一样重要，没有树根的主动吸收，任凭外界浇再多的水和施再多的肥，树苗也无法茁壮成长。学习也一样，如果学生不自觉，任凭他拥有再优秀的师资、再丰富的教学资源也无法把知识吸收到自己头脑里，内化于心。线上线下混合教学模式既需要充分发挥教师的主导作用，又需要学生自主建构。

线上线下混合教学对学生的自觉需求更大，对学习自主性要求更高。

第一，观念转变是学习行为转变的向导，所以，要提高学生在线上线下混合式教学中的学习自主性，就要在学生考试入学时，充分发挥"入学指南"的导向作用，转变学生的传统学习观念，正确认识线上网络教学的重要地位，激发学习兴趣，增强学习自主性。

第二，在学习方式方法方面，可以对学生进行学习方法教育培训，帮助学生摆脱以教师、教材和教室为中心的传统观念，掌握新的学习方法，自觉发挥自身的主观能动性，主动学习内化知识。

第三，引导学生做好学业规划，科学安排和管理学习时间，善于总结适合自己的学习方式方法，提高学习效率，增强学习能力。

（二）提升教师混合式教学应用能力

1.转变教师观念，理解混合式教学理念

作为教育工作者要深入学习，切实解放思想，跟上教育改革的步伐。如果说制度的建立是外力作用推进混合式教学实施，那么转变观念就是从内在转化。教育教学要适应发展，教师层面必须率先更新教育观念，然后带动学生更新学习思想。思路决定出路，没有教学观念的更新，就不会有发展的突破；没有观念的超越，就不会有发展的跨越；没有观念的领先，就不会有发展的率先。在对教师访谈中得知，体育专业未能大力开展混合式教学的高校方面原因有以下几点：一是混合式教学耗时费力，工作量大；二是一部分教师认为传统教学完全可以满足体育教学工作，体育专业教学不适合过多线上改革。所以开展混合式教学必须转变思想，更新教师观念。

改变观念必须落实到具体行动上，首先在本校学校报刊、专栏以及网站等刊登信息，介绍混合式教学的必要性，介绍未来信息化教学发展方向，让师生了解

信息化教学是未来体育教学改革的大势所趋；第二，经常性开设专题讲座，邀请混合式教学领域内的专家学者介绍混合式教学改革方向、教学方法手段，推进混合式教学实施；第三，组织混合式教学研讨会，组织教师参与研讨混合式教学实施的方法策略，集思广益，引发教师思考；第四，举办混合式教学相关活动，如征文大赛、教学比赛等，吸引更多师生主动参与到这项教学改革中来。

2.重视教学设计、加强线上线下融合

混合式教学的线上与线下教学安排内容上既要有区分，又要有所联系，防止出现线上线下教学"两张皮"。混合式教学是线上教学与面授课堂的融合，而不是简单的叠加，所以教学开展进程中，无论课前、课中和课后，教师的教学都应该同时考虑两种手段相结合，而不是以某一种为主，另外一种作为辅助手段。在课前阶段，教师教学准备应该做两手预备，线上教学和线下教学的教学内容、组织形式，教学手段穿插准备，教学设计坚持各取所长，充分发挥两种形式的特长优势。教学过程中，要充分发挥线下教学的优势，课堂教学不能再是线上教学内容的再次讲解，而是通过创新课堂教学形式，多样化组织面授课堂，采取小组合作答疑，学生学习成果展示和师生互动等方式使学生线上学习内容内化。课后阶段同样也要发挥线上教学优势，课后阶段是学生加强练习和课后学习的重要时机，课堂时间宝贵，利用线上做好课后工作，为下节课课堂效率的提升赢取宝贵时间，提升线下教学效率，真正做到线上线下相融合。

3.提升教学内容有效性

结合研究发现，教师教学内容呈现相对较差的现象，线上教学资源建设质量的优劣会直接影响，甚至决定混合式教学的教学效率、效果和质量的高低。教师在混合式教学实施中，首先要做好教学内容准备，才能将更好的教学内容呈现在课堂。第一，坚持自主创新和资源整合相结合。教师需要在整合使用线上精品课程的同时，提升建课能力和资源整合能力，只有这样才能使混合式教学课程推陈出新、继往开来。第二，提升内容质量和丰富教学形式相结合。教学内容必须选取贴合本节课教学重点的内容，防止繁杂教学视频进入课堂，无故浪费教学时间增加学生负担，教学的呈现宜采取多种形式，如穿插思维导图和音视频，以引发学生思考为目的。第三，多渠道多形式准备教学内容。线上教学资源是混合式教学的最大优势，教师必须充分发挥互联网优势，首先应善于发现教学资源，其次有针对性地设计、剪辑教学材料。

4.重视课后教学与反思

在教学设计中应注重课后辅助教学环节，课后辅助教学环节是混合式教学线上教学的重要阵地，教师在课后辅助教学环节的主要任务有两个：第一是通过课后任务的安排内化学生课上学习的知识，第二是通过教学反馈形成教学反思。教师首先要充分认识到课后反思对混合式教学的重要意义，不仅要紧扣本节课教学实际和教学案例，还要结合学生真实反馈，通过课后线上搜集学生本节课反馈意见，发现教学中存在的问题和学生知识学习的漏洞，及时对教学进程作出调整。在课后的学习任务布置中，可以通过对本节课重难点进行考查和学生作业完成情况及时对学生学习情况进行监督。只有重视课后辅助教学环节才能使混合式教学应用更加完整，在不断反思中调整教学，使混合式教学的课后环节发挥应有的作用。

5.创建并落实混合式教学评价体系

教学评价具有诊断、调控和导向功能，是课程实施的风向标。混合式教学是一种革命的教学方式，教学评价体系也必须重新建立。首先必须坚持诊断性评价、形成性评价和终结性评价相结合的原则，诊断性评价是课程建立初期对学生整体水平作出的诊断，以建立合适的三维教学目标；形成性评价是对学生学习过程的评价，对教学进程调控具有重要意义，混合式教学尤其应该注重形成性评价，在教学进程中可以通过设置线上小测试等手段，了解学生学习掌握进程；终结性评价是对学生期末学习成果的鉴定，对学生自信心建立具有重要意义。其次，坚持线上评价和线下评价相结合。学生线上学习时间，学习成果都要作为评价指标加入评价体系，引领学生重视线上学习，再结合面授课堂学生表现，综合评价学习进程。最后坚持评价主体和评价形式的多元化。评价主体由学生和教师共同构成，评价形式可以采取学生自评、小组互评、师生互评等形式，目的是尽可能展示评价体系公平化、准确化，以便发挥评价体系的真正作用。

（三）增强内容的衔接性

强化对课程质量的认证，是增强课程内容衔接性，把控线上线下课程质量至关重要的一环。而课程内容衔接性的高低是课程质量好坏的重要体现。"衔接是自然界和人类社会中存在的一个普遍现象。它存在于势之维系处、事之转变处、物之紧切处、时之凑合处。"课程内容的衔接是根据课程内容的性质和不同的课程载体，采用不同的衔接手段将不同的课程内容进行统整。课程内容衔接性的好坏在一定程度上影响着课程的整体功效。线上课程内容和线下课程内容是一个完整、相互紧密联系的课程整体，有效衔接的线上课程和线下课程有利于体现线上线下混合式教学特有的优势，最大化地发挥课程的育人造才作用。

第一，学校要组织课程专家或骨干教师团队对本校的线上课程和线下课程、自产课程和他产课程进行认证，严格把关课程质量。课程质量达标的才能开展教学活动，课程质量不达标的，要求科任教师及团队进一步改善，再认证，指导质量达标。第二，学校要根据线上线下混合式教学这个新生教学模式的使用方式和技巧进行相应的技能培训，对这个新型教学模式想要达到的教学目标进行传达，让任课教师明确线上课程和线下课程所肩负的课程使命，然后根据这个使命去设置和安排线上课程和线下课程的内容。第三，任课教师要在明确线上课程和线下课程所要实现的课程目标的同时，研读教学大纲并进行碎片化知识点备课，正确理解课程文本，分析不同课程知识点的性质和难易程度，合理设置线上课程和线下课程的内容，避免知识内容的简单重复，造成学生学习兴趣下降，课程实效性降低。因此，教师在组织混合教学时，就要充分融合基本理论知识、具体操作程序和实际问题的解决等几个层面的知识内容，注重补充鲜活的实践案例，让学生运用相应的理论知识去分析解决问题，并组织学生进行小组讨论、分享，提高学生的学习兴趣和运用知识的能力。这也符合掌握学习理论中不同的知识获取方式对知识掌握程度的影响。此外，教师还应该根据学生的身心发展特点和学科特性认真备课，合理安排和对接线上线下前后两节课的内容，使课程在分层中递进，在螺旋中上升，实现线上课程内容和线下课程内容由浅入深、由近到远、横向贯通和纵向衔接的境界。

（四）坚守课程场域，提升课程组织的科学性

课程场域是课程实施的主战场，教学组织是课程场域张力形成的重要途径。教师应该根据学情、教材和教学目标进行计划、设计和开展专门活动，提高课程组织的科学性，支持、激发、引导和促进学生在课程场域中开展学习活动，以直接或间接的教学影响推动学生达到有效学习结果。教学组织的科学性有利于增强课程场域的张力，对教学效果有着至关重要的影响。线上线下混合式教学模式创新了教学组织方式，改变了过去教师单纯教学的地位，更加强化了教师的组织、引导、指导、辅导作用，把学生的特点与需要视为混合教学设计的核心原则，满

足学生生长和发展的需要，也是线上课程和线下课程要实现的教学目标。

　　在选择线上课程和线下课程的组织方法，强化课程场域张力时，教师首先要清楚和明确课程想要学生达到怎样的预期学习结果，然后将所有的教学活动、学习活动和评价活动都围绕这个预期的学习结果来展开。例如，线上课程肩负的使命是让学生通过观看教学微课视频，掌握重要概念等理论知识，并通过对应的练习进行理解和巩固。为此，教师就要精心选择或者录制相应的讲解视频，并尽量采用情景性较强的例子去解说概念知识，让学生进一步理解概念知识。同时，在练习题方面，不仅要有客观题，还需要组合一些实际运用的问题，加深学生对概念的理解和运用。而线下课程肩负的是学生高阶思维能力和技能掌握的教学目标。因此，线上课程除了要重点精讲学生在线上课程无法理解和掌握的知识点，还应采用案例分析或项目学习的方式，组织学生运用在线上课程所学的知识进行讨论交流、解决问题和小组汇总解决策略并上台进行分享，其他同学进行点评，最后教师进行总结评析，这样有利于学生对知识的领会和运用。联通主义认为："当学习者与其探索的信息发生联结或基于学习社群与其他学习者发生联结时，学习者的学习过程会更为有效，同时学习社群会促进学习者开展高阶学习。"因此，建议科任教师通过微信群或 QQ 群与学生们建立学习交流和谈论的网络社区，延展课程场域，因为在手机普及的现代社会中，微信和 QQ 是学生们使用最多、运用最广泛的社交媒体。师生们可以在微信群或 QQ 群上进行学习知识的交流、学习问题的讨论和解答。学生可以在上面提出问题或困惑，也可以帮同学解决问题和困惑，进一步提高学生的自我效能感。同时，其他同学也可以在同学们讨论的聊天记录中得到学习和启发，有利于增加同学们的互动交流，又有利于同学们对知识的理解运用。此外，教师也可以观看学生们交流的信息，当学生还是没办法解决遇到的问题时，给予及时的解答和帮助，增加师生的交流和教师对学生的有效指导。教师也可以在交流群上跟学生们反馈学习进展情况和学生们的测试情况，在交流群上，可以突破时间和空间的限制，及时地给予学生反馈，或者监督和提醒学生完成相应的学习任务，避免学生出现"迷航"现象。

（五）混合式教学应用环境建设

1.完善混合式教学实施管理细则

　　混合式教学是一场反映时代精神的教育革命，只有构建适应时代要求的管理制度体系，才能保障混合式教学改革不流于形式，持续深入推进。要想混合式教学同体育专业教学深度融合，必须将混合式教学改革上升到学校意志，其在其他专业教学的应用成果表明，想要进行教学改革，必须制度先行，研究过程中发现虽然有些高校强调教师进行混合式教学改革，但是对于如何改、往哪改、有何标准却没有制定规划，导致教师盲目自学探索，混合式教学开展自然效果欠佳。

因此，首先要从学校层面制定相关政策规定，落实混合式教学行动，成立教学管理改革小组，结合本校实际情况以及体育专业教学特点，制定教学改革制度，以制度推进课改，相关政策制定包含学期课程建设要求、课程建设细则、课程实施细则以及教师激励机制制度等。其次是成立混合式教学落实监察小组。规章制度的落实全靠自觉自然不可取，对于混合式教学实施状况进行监测，有利于混合式教学改革落实，防止过程中出现跑偏和落实不到位的情况。最后还要建立考核制度，合理的考核制度有利于为混合式教学落实指明方向，使教师在实施混合式教学过程中明确目标、过程和思路，起到激励和导向作用。建立教师考核评价机制，将混合式教学工作绩效和工作能力纳入考核范围。

2.优化混合式教学应用环境

混合式教学的条件建设是混合式教学开展的先决条件，混合式教学领域专家何克抗将混合式教学的条件建设形象比喻为"路""车""货""驾驶员"。"路"指的是硬件建设，混合式教学硬件建设是基础建设，从以前的多媒体教室建设，到今天的移动端设备普及，如今5G建设更是为混合式教学提供了良好的硬件设施条件。5G环境下的硬件设施将会发生巨大的变革，得益于其强大的网络承载能力、超高带宽以及超快速率与超低时延，学校将不需要再建设多余的网络，课堂内的硬件设施将会实行5G化处理。5G交互智能平板、记忆黑板、一体化黑板、5G常态化录播、5G学生终端等将会成为混合式教学的基础设施。同时还要加强教师课程录制硬件设施创建，以满足教师课程创建的硬件条件。"车"指软件建设，软件建设最重要的是混合式教学平台建设，深度混合离不开平台支持，一个好的教学平台必须由教师端、学生端和后台管理端构成。随着网络教学的普及，各类平台也如雨后春笋涌进教师视野，对于平台一定要选择适合课程实施的，功能必须完善，如UMU平台的模块编组功能，教师自由组合需要的模块，教学、测试随用随取。"货"指的是课程资源开发与建设，这部分是教师的课程开发工作，对于教师自身能力要求较高，不但要有课程建设能力，还要求能熟练使用计算机设备等，MOOC等大型网络课程建设需要教师以及制作团队支持，但教师个体可以开发 SPOC（小规模限制性在线课程）。再缩小范围，教师课前也能创设自己需要的资源，如 PPT 制作、教学短视频片段剪辑等。"驾驶员"是指教师，混合式教学过程中，教师教学行为从课前延伸到课后，转变教学观念，改革教学方法，是新时代对教师的新要求，教师应率先接受混合式教学相关培训，主动学习提升各方面能力。

学习环境是影响学习者学习的外部条件，是促进学习者主动建构知识体系和促进能力生成的外部条件。混合式教学环境的优化是基础，良好的环境能使学生更好地开展自主学习，并且充分发挥混合式教学的先天优势。

3.落实混合式教学运行机制

混合式教学要想在体育专业教育中成为一种真正的教学模式，高校必须落实混合式教学的各项相关机制。第一，应该建立混合式教学的教师培训机制，寻求专家定期授课，通过定期培训和定期考察来提升教师混合式教学水平；第二，建立混合式教学监督机制，成立混合式教学督察小组，定期收集教学出现的问题，及时整改，还要建立混合实施教学师生意见反馈机制，教学反馈是教学整改的风向标，要设置意见箱、邮箱等实时收集师生意见，及时调整，为混合式教学开展提供更好的服务；第三，建立教师授课交流机制，通过互相听课、互相评课以及将混合式教学竞赛加入教学模拟比赛中，通过一系列的教学交流活动整体提升混合式教学水准；最后，还要建立混合式教学后勤保障机制，为混合式教学应用中硬件检修、平台维护和师生提供良好的后勤保障服务。

4.构建个性化激励制度

建立和健全应用混合式教学的教师考核评价机制，将混合式教学工作绩效和工作能力纳入考核范围，对达到相应标准的教师要给予相应奖励，对有优秀教学案例和教学成果的教师要充分肯定，对于未能达标的教师要及时给出整改意见。由于混合式教学教师工作量更大，故应提升混合式教学教师薪酬标准，线上课程和线下面授课时分开计算，合理计算工作量，切实保障教师权益。对于线上课程创建也要给予充分的资金技术支持，线上课程创建人力物力耗费巨大，如果没有相应资金技术支持，将很难实现课程创立与课程共享。

（六）完善平台建设，强化平台的支撑作用

网络教学平台是开展线上线下混合式教学不可或缺的软件系统，它可以突破传统教学时间和空间藩篱，有利于提高教学效果，改善高校的人才培养模式。在现实教学实际中，不同教学平台的功能不尽相同，平台中资源的丰富性和有用性也存在较大的差异，不同教师对平台上的资源和功能利用率也不同，造成不同课程、不同的任课教师教学效果不同。

首先，任何事物只有有效满足使用者的需求，才能体现出它的有用性。因此，平台开发商在开发平台之前应该广泛地调查了解它的使用者——学生和教师需要提供怎样的功能，才有可能有针对性地设计，满足学生学习的需求和教师的教学需求，这样才能使设计出来的软件平台有运用推广的市场。例如，交互功能是平台实现有效教学的重要前提，是利用互联网突破时间和空间藩篱的交流互动，平台上有效的交互功能有利于吸引学生的学习兴趣和保持学习的动力，据此，应该要完善平台的网络社区，完善在线疑难解答的交互功能。其次，学校在购置或引进在线教学平台时，应该组织相关领导、教师和学生共同体验和参与分析平台的优劣，根据教师和学生的需要、学科的特点和学校的经费预算，选择购买或引进最优的教学平台。最后，教师在录制或者选择微课视频时，要注重理论知识的实用性和微课视频的有用性，把抽象的理论知识具体化、生活化，加强理论与实践的联系，便于学生理解。同时，在录制微课视频时，要注重知识的呈现方式，把动态呈现方式和静态呈现方式结合起来，语言要生动，教学态度要充满热情，选择的案例和插播的视频要充满教育性、情景性和价值性，使学生利用平台自主学习也能收获满满，提高学生学习获得感。

（七）坚守教师的职责，明确教师的直接影响不可或缺

作为线上线下混合式教学的执行者，教师的职业态度对线上线下混合式教学的质量有着至关重要的影响。在线上线下混合式教学的整个过程中，无论是学生学习自主性的养成、教学内容衔接性的完善、教学组织科学性的提高，还是平台完善性的加强，都离不开教师的直接影响，因此，在线上线下混合式教学过程中，教师的直接影响不可或缺。在提高学生在线学习自主性方面，首先，教师在进入课程教学之前，应该对学生进行学习策略的指导和学习时间规划的指导，提高学

生的自主学习能力。"授之以鱼不如授之以渔"，指导学生学会自主学习在线课程的方法和策略，是学生学习好专业课程的基础和前提。其次，教师应该及时地给学生布置在线自主学习的任务，追踪学生在线学习的进程，根据学生的学习情况进行有针对性的指导。最后，教师应该营造良好的在线互动氛围，师生与生生之间都相互信任，教师也能对学生的问题给出及时反馈，让学生愿意交流，敢于并乐于提问和回答，使学生在学习上获得成就感，在情感上获得认同感，提高学生的学习效能。在提高教学内容衔接性和组织科学性方面，教师的作用更是重中之重，无可替代。提高教学内容衔接性和组织科学性是教师职责之核心，是教师履行好其工作职责的关键所在。教师应该在教育目标的指导下，遵循学生的认知规律和认知需求，根据线上线下混合式教学的特点，合理安排和分配线上课程和线下课程的内容，使线上课程的内容和线下课程的内容相互衔接，不脱节；使线上课程的目标和线下课程的目标相一致，时间分配合理，科学合理地组织教学，及时帮助、指导和监督学生学习，给予学生资源支持、认知支持和情感支持，促进学生知识、能力的提高。教师应明确其职责，充分发挥其直接影响，提高教学内容的衔接性和教学组织的科学性，促进线上课程和线下课程有机融合，避免产生两张皮的现象。在平台的完善性方面，教师的直接作用亦不可缺位。教学平台的主要用户是教师和学生。因此，在学校选择教学平台时，教师应该根据学科特点和教学需求，对各个教学平台的优缺点进行研究比较，然后选出一个最佳的教学平台，这样才能有利于发挥线上线下混合式教学该有的效用。

第五章　新时代高校体育教师人才培养

本章主要介绍新时代高校体育教师人才培养，从高校体育教师人才培养的必要性、高校体育教师人才培养的困境、高校体育教师人才培养的路径三个方面来论述。

第一节　高校体育教师人才培养的必要性

一、适应世界教育发展的大趋势

随着世界各国教育改革的不断深入，人们越来越认识到教师在教育改革中的作用，世界各国及国际组织对教师人才培养问题越来越关注和重视。例如，在世界各国的基础教育改革中，重要的一条是加强教师的继续教育，建立教师继续教育体制。世界发达国家十分重视对教师的继续教育工作，或通过立法，或作出明文规定，并作出时间和费用上的保证。1990 年，日本国会提出《关于振兴终身学习的措施》，以法律的形式将继续教育付诸实施，使之制度化。美国众议院于 1983 年通过法案，专门拨给州和地方 2.5 亿美元经费用于教师在职进修和培训。在苏联国家教育部明确规定，中小学教师每人每 5 年必须进修一次。英国也有完备的教师进修制度，规定在任何时候都保持 3% 的现任教师有获得进修的机会。现在，一些经济上后崛起的国家，也把教师继续教育作为一项重要工作来抓，并投入了充足的经费保证其实施。可见，教师人才培养已经成为各国教育改革的共识。

二、深化我国教育改革的必然要求

全面推进素质教育与课程改革对广大高校教师的质量提出了新的需求，呼唤教师素质进行深层次的更新与加强，包括理论与观念系统、知识结构系统、能力系统、方法系统、伦理与心理人格系统等方面。多年的教育改革实践证明，卓有成效的教师人才培养是教育改革成败的必要条件。因此，全面深入持久地开展高校体育教师培养是适应教育改革的迫切需要。

三、适应教师教育一体化的需要

当前，我国教师教育的改革备受关注，改革呈现出两大趋势：一是综合大学办教育，师范大学综合化。二是师范教育一体化，即等同于国外通用的教师教育概念，涵盖教师职前培养和职后教育在内的一体化教育。"教师教育"这一术语从 20 世纪 70 年代初被美国、日本等发达国家广泛使用，就标志着一种观念的变革，即改变了以往重职前培养、轻职后教育的观念。因此，应对教师进行人才培养以适应师范教育一体化格局。

四、加强高校体育教师队伍建设的需要

首先，从我国高校体育教师队伍的现状看：一方面，我国高校体育教师学历层次偏低。高校的体育教师，绝大多数是本科毕业生，硕士生属个别现象，至于博士生，更是凤毛麟角。高校体育教师取得硕士学位与其他专业学科相比较，差距太大。因而，从学历结构上相比较，高校体育教师的平均水平要低于其他学科教师。另一方面，学历合格的高校体育教师素质也不容乐观，教师队伍的专业化程度不高。由于受应试教育习惯势力的影响，教师的教育思想观念陈旧，教学手段落后，许多高校体育教师在教育学、心理学、现代教育技术等方面缺乏系统的学习和应用。因此，必须进行体育教师人才培养，使我国尽快建立起一支数量足够、素质优良、结构合理、学科配套、可持续发展的高校体育教师队伍。其次，从教师的成长与发展规律看，一般教师在教学的最初五六年，随着教育教学经验的增加，其教学效果显著上升，但之后进步的速度减慢，且有逐渐下降的趋势。如果教师不继续进修或学习，即使再教二十年，也不会有多大的进步，还会出现衰退，体育教师由于对技能和体能要求较高，如果不继续学习，则衰退更快。可

见，对高校体育教师进行不间断的长期培养，是延缓其衰退，持续提高教学能力和教学水平的重要途径。

第二节　高校体育教师人才培养的困境

一、高校体育教师培养的困境

（一）学校方面

1.学校管理者"重科研轻教学"

通过对高校体育教育方面的专家进行访谈，我们了解到高校管理者对体育教学并不十分重视，对国家的教育财政经费与科研项目等资源的汲取也是相当有限的，体育教学没有科研工作的含金量，不能体现个人的价值，这是许多高校体育教师共同的难题。体育任课教师其实工作任务繁重，没有多余的精力进行研究创作，就其本质而言，是高校的人力资源分布不均造成的。通过访谈得知，学校管理者为了减少支出，行政岗位减少，许多体育教师还会兼任辅导员等岗位的工作，导致体育教师的工作内容更加繁多。学校管理者的态度决定体育教学是否能拥有与学术一样的地位，但高校体育教师在体育教学评价中享受不到成功带来的喜悦感，以至于在体育教学上遇到问题时不会选择继续研究，而是选择放弃，并逐步削弱了高校体育教师对教学发展的动力或希望。因此，学校管理者的重科研轻教学行为严重影响了高校体育教师人才的培养。

2.高校对体育教学缺乏高质量管理

随着高等教育近几年的扩招，学校的规模以及学生的数量在不断上升，对高校的教学要求也在逐渐升高，高校为提升自身教学质量以及竞争力，对学生的专业成绩以及就业率等方面的重视程度更高，但是由于体育教学作为一门辅助性的科目，直接影响较小，因此大多数高校中对体育教学的重视程度不高，且缺乏一定的管理。所以也在一定程度上打击了高校体育教师的教学积极性，其责任性较低，缺乏工作的热情。由于学校对体育教师在管理、福利等各个方面的重视程度不够，也使得教师在学校中缺乏存在感，所以在一定程度上对自身行为、思想等方面的约束不够。

（二）教师面对的压力

1.教学科研压力

（1）体育教学

体育教学是体育教师必须承担的首要任务，高校的体育课程教学开展形式基本上是必修和选修课程，模式是理论和实践相结合的模式。这就要求每个体育教师必须尽力用心地去上好每节体育课，进行教学计划和教学内容的组织设计，教学思想、教学目标、教学设计要根据学生的实际情况来制定，体育教师自己要加强对体育教学知识的学习；其次是体育课上学生的安全问题，"安全第一"一直以来是最重要的问题，体育教师面对的是体育课要怎么上、怎么组织、怎么安排运动负荷的大小才是科学合理的，怎么确保安全的前提下按时、按质、按量地完成教学任务，这是每一个上实践课的体育教师必须要考虑的问题。由于学生身体的差异性和各方面的原因成为教学里的不可控因素，以及教学过程中会发生的一系列问题，这些都需要提前做好相应的准备。另一方面是在教学过程中，由于少部分学生缺乏学习动机、对体育没兴趣，甚至出现扰乱课堂、不听安排、影响其他同学学习、打乱自己原有的计划和任务安排等一系列问题，这就需要每一个担任公共体育课的教师有丰富的体育教学经验，去面对和处理这些问题，从而加重了教学工作量和导致长时间的教学工作，以上这些会使体育教师表现出身心疲惫和职业倦怠的情况。高校体育教师这一岗位相对处于饱和状态，而且高校在体育人才招聘上面要求越来越高，几乎是博士学历以上，这样导致人才大量流失。因此，导致高校的部分体育教师工作负荷量大，甚至出现"一职多任"的现象，不仅要从事本科生的教学任务、主管教学工作，而且还要承担公共体育课教学、班主任工作，还要面对来自教学考核等，超负荷的教学工作量和烦琐事情等多种因素的制约，无疑使他们产生一定的职业压力和心理负担，同时影响着体育教师的身心健康和职业发展，不利于高校体育教师人才的培养。

（2）科研要求

科研要求的压力主要是科研难度增大、体育科研经费少等方面的压力。目前国家及相关教育部门对于科研这一方面严格把控，严惩学术不规范和学术不端，所以对于科研要求也越来越高，越来越严格。科研要求高校教师必须每年定期发表相应论文，尤其在课题申报上要求更高，必须有一定职称才有资格申报。部分高校对于科研的重视程度不是很高，投入的体育科研经费也不是很多，但有部分体育教师科研能力还是比较突出，创新能力也较强。但由于学校重视程度不够，重点偏向了教学，而导致其在科研领域的成就不是很突出。在这些因素的影响下高校的体育教师必然产生一定的心理压力。

一所高校的整体科研水平是影响高校发展、学科建设、声誉及学校排名的重要因素之一，教育部门对高校体育教师的科研要求实行制度管理，以及评价标准需要进一步完善，对论文的发表和期刊出版严格把控，申报何种级别的基金课题等，并将这些纳入体育教师的薪资收入和评价考核关联在一起，这些方面的要求决定了是否能晋升和增加收入，与此同时也给每一个体育教师带来一定的压力，不利于高校体育教师人才的培养。

（3）训练任务

部分体育教师，不仅承担着体育教学的各种工作任务，少部分还负责带队训练，课余训练工作是高校体育的重要组成部分。训练队代表着本校体育的最高水平，彰显着学校的光彩和荣誉，但对于负责带队训练的体育教师来说也是一种压力，不仅要选拔学生组建运动队、开展科学训练、管理运动员，最终的目标是通过日常的不断重复训练巩固提高，在比赛中取得好成绩，才使组建训练队有意义，多数高校在每年都开展综合性的大学生运动会，少部分体育教师负责运动会的组织、管理和筹备，大型运动会的工作量之大，少不了体育教师的参与。与此同时，高校的部分体育教师面临教学科研的压力、训练任务重、工作之外的事情繁多等各方面的综合压力，由于高校在体育教师的配备上专业人员短缺，受到专业能力的限制，加之部分院校对于组建运动队和投入经费不足，重视程度不高，从而导致他们训练困难，也比较难开展，在组织训练上也存在一定的压力，不利于高校体育教师人才的培养。

2.人际关系压力

（1）师生关系

出现轻度压力和没有压力，主要原因可能是与体育学科的特点有关，多数学生对体育锻炼都有着积极性，他们认为体育课程是一个没有压力释放自己的享受过程，在课上放松自己，体验乐趣，愉悦身心，享受着体育运动带来的快乐与拼搏过程。相关研究调查发现，师生关系中，很多学生及其他专业的教师与体育教师相处的关系都非常和谐融洽，在人际关系方面都比较擅长。在学生的眼中，体育教师是一个充满爱心、运动能力强、有责任感、有权威、深受学生喜欢、认可和尊重的职业。只有极少部分的体育教师在师生关系上会存在一定的压力，良好的师生关系是学校得以全面发展的基础，和谐的教学氛围和学生的认真配合是一堂体育课顺利进行的保障。和谐友善、团结友好、相处融洽的师生关系有利于营造良好的校园氛围，同时推动了学校体育的顺利开展和促进学校的全面发展。

（2）同事关系

除了师生课堂上的交流，体育教师之间的交流可以是体育教师之间非公开的私人化交流，也可以是其他学院、其他部门之间的固定沟通。如果不经常与优秀的体育教师进行交流，那么体育教师自身也无法获得进步。目前高校体育教师的教学基本处于隔离状态，是体育教师的私人活动，体育教师没有将体育教学视为"共同财富"分享，而是保持着一种封闭状态。

3.评价考核压力

（1）职称晋升

职称晋升不仅是每个体育教师职业发展的主要追求目标和希望实现的理想，而且关系到每个体育教师自身利益和自我发展的需要，当前社会在飞速发展和不断进步，每个学校在职称评定方面竞争日益激烈。随着教育部、学校及相关部门对高校体育教师职称评定的严格管理，评定要求也越来越高，对部分体育教师来说晋升也越来越困难，虽然这样使评价考核具有了公平性、规范性和合理性，但这些标准和要求、等级评定也没有充分考虑多元性，部分工作岗位的竞争也给体育教师带来了一定的压力，加之在评价考核方面有部分要求必须进修培训和参加各种社会实践活动，高校的大部分体育教师在进修培训和社会实践方面有一定压力，进修培训压力主要是来自进修培训机会少和参加学科学习培训少这两个方面。社会实践方面的压力主要是除自己的教学任务外各类活动、会议、比赛、非教学性事务多，要求参加各种社会实践活动等，这些多方面的因素使体育教师产生心理紧张、焦虑、烦躁和一定的心理压力，不利于高校体育教师人才的培养。

（2）进修培训

目前体育教师的学历呈上升趋势，部分体育教师为了能让自己职业更好地发展和实现自己的理想，而选择进修培训来提升自己的学历，为职称评定和晋升打下基础。少部分硕士学历的体育教师既要面对日常的教学工作，又要挤出一些时间去完成进修学习，硕士学历的体育教师比博士学历的体育教师压力相对较大，部分高校由于进修培训机会和学科学习培训少，阻碍了职称评定和自身职业发展的良好前景。高校的大部分体育教师对于进修培训意识不强，学校的重视程度也不高，并表现出在进修培训上没有压力，他们对于进修培训的意义不是很了解，没有意识到通过进修培训能对自己的世界观、人生观和价值观更加正确看待、开阔自己职业视野、提升自己的职业素养。进修培训可以让我们的教育观念得到更新，学习一些新的教育思想，提高适应新课程能力；通过不断的体育教学实践，可以提高自己的教学实践能力，从而有一套属于自己独特的教学体系；一方面进修培训可以学到新的体育教育知识、掌握新技术、接触到之前所没有接触过东西，同时也为自己的职业发展创造了良好的空间。新时代背景下要求全面加强教师教学能力的提升培训和学习，培养高等院校体育人才，教育部门和高校应以政策为导向，为高校的体育教师提供进修培训的机会，让更多体育教师参与到进修培训中来，从而提高自身专业知识和技能水平，在一定程度上缓解评价考核带来的压力和消除心理焦虑。

（3）社会实践

在评价考核中社会实践作为关键因素之一，教育部门及学校要鼓励体育教师参加社会实践活动，有一部分体育教师除了完成自己的教学工作外，还要参加各类活动会议和一些社会实践活动，而且处理的事情比较烦琐，造成了身体疲惫、心理焦躁，在这些因素的影响下使之产生压力感。另一方面，由于社会实践活动作为评价考核的因素之一，更多体育教师不得不参与到社会实践活动中，如参与裁判工作、大型体育赛事活动、社区健身指导等一些有实践意义的社会活动。

4.职业发展压力

（1）职业规划

体育教师在职业规划的压力一是自己的专业水平很难提高，二是提升自己的职业素养。职业规划是对自己将来职业发展的一种理想和所要达到的目标，由于每个体育教师对于自己职业规划的差异性，造成了不同的职业压力。近年来，随着国家体育事业的蒸蒸日上，始终把发展体育运动，增强国民体质放在首要位置，体育作为强国的主要战略，可以说在体育方面的相关人才比较紧缺，发展的前景也很好，所以就需要我们每个体育教师做好自己的职业规划，抓住发展的机遇，明确自己的职业规划，并朝着目标去不断努力达到一个新的里程，充分体现自己的优势，不断克服职业道路上的难题，朝着自己想要的方向去努力，达到自己想要的高度，提升自己的能力。与此同时才能在学历、职称晋升、工作岗位等各方面具备竞争的实力，才能在竞争日益激烈的环境中生存和发展，而不被社会所淘汰。

（2）自我期望

体育教师是学生能学到基本运动技能的保障，是学生身心健康的促进者，全面实施素质教育离不开体育教师的支持。如何成为一名优秀的体育教师？如何教会学生基本运动技能？引发了体育教师的反思，也给体育教师带来了压力。在竞争日益激烈的环境中体育教师为了自己的职业发展的同时，对自身充满了很高的期望和追求目标。对自身的高期望会转化为教师的压力，如希望收入增加、职称提高等。不同的学历就导致教学科研、评价考核、人际关系、社会地位与职业发展存在一定的差异。高校的体育教师希望通过自身的职业规划和职称晋升来增加工资收入以维持自己的生活和其他开支。高校的体育教师在追求更高职业发展和自我期望的同时，也让自身带来了较大职业压力，不利于高校体育教师人才的培养。

（3）健康状况

运动是健康的基石。增进健康，增强体质，涉及多种因素，而体育锻炼是最积极、最有效的方法。适当参加体育锻炼能明显提高大脑神经的工作能力，使机体的内分泌调节功能更完善，从而促进人体的新陈代谢，改善血液循环，使各器官充满活力，提高健康水平，防治疾病，加速病后身体机能的恢复。经常参加体育锻炼还能减轻精神紧张，提高心理适应能力，使人们获得积极的心理效益，提高自信心和生活满意度，使人保持积极的情绪状态，改善心境。

随着我国改革开放的深入，引进竞争机制，极大地促进了社会发展，同时竞争也给人的心理造成很大压力。从高校环境来看，高校引进竞争机制后，实行优胜劣汰，极大地调动了高校教师的积极性。高校教师不管职称、收入高低，在完成教学任务的同时，还要忙于各项科研工作，面临着激烈的工作竞争压力。另一方面，由于快速的知识更新以及高校对教学科研人员的学历要求越来越高，教师特别是青年教师为了获得更大生存空间，不得不以继续学习来提升知识水平和学历，工作、学习任务繁重，节假日经常加班加点。

职业的发展离不开良好的身体状况，同样只有拥有健康的身体，职业才能更好地发展。新时代背景下把"健康第一"的思想提到了新的高度，"健康第一"的思想不仅适用于学生，同样也适用于每个教师。有少部分的体育教师在健康状况方面存在较大压力，由于常年教学工作负荷量大、事情烦琐及各方面的原因，导致生理功能的紊乱而引发一系列问题，如失眠、身体疲劳等，高血压、颈椎病、身体疲劳，会引起心理上的焦虑、工作状态不佳、精神不足等一系列的健康问题，"身体是革命的本钱"，没有健康的身体，一切无从谈起。

5.社会地位压力

（1）社会期望

体育教师在社会期望方面的压力较大，而这些压力主要是社会对体育教师期望和要求高的压力、保障体育课堂教学中的安全问题的压力和增强学生各项身体素质的压力。同时，体育教师被社会、学校给予一定的期望，这是因为近年来国家出台了学校体育发展的相关政策和意见，学校体育的改革在不断发展和进步。由于国家体育政策的扶持力度大、高度重视对体育后备人才的培养，体育教师也被提上了前所未有的高度，社会地位也有所提升，但社会、学校对体育教师过高的要求和期望，通常会给他们带来一定的心理压力。其次，体育课堂中的安全问题一直以来是社会、教育部门及学校时刻关注的问题，在体育课上时常会发生学生身体不适而导致的晕厥、呕吐、受伤，甚至会出现生命危险等一系列问题，让体育教师感到一定的压力。怎么上好一节体育课，运动负荷应该怎样安排，怎样有序进行，这些都值得每个体育教师去思考和面对。体育教师在被社会、学校寄予期望和按要求完成任务的同时，学生的安全问题更要得以保证。

（2）社会责任

体育教师在社会责任方面的压力属于中度压力，主要表现在教学责任感的压力、培养学生体育锻炼习惯的压力、帮助学生养成终身体育意识的压力。高校的体育教师，在做好本职工作范围内，还要激发学生的体育学习兴趣，帮助学生养成正确的体育态度，纠正他们对体育的错误认识。通过学习体育，促进学生非智力因素的发展、增强学生身体素质、增进学生的身体健康、提高身体的机能水平、增强对社会的适应能力，这就是学校体育的价值及作用。要实现"四位一体"的目标就需要每个体育教师肩负起这个重大的社会责任。培养具有强劲体魄的人才，担负起这个重任，也是对社会高度负责的一种表现。让自己成为一个精专业、懂教学、通技能的体育教师，不仅是对学生负责，也是对自己负责。在日常学习生活和教学过程中，体育教师的责任意识往往会因人而异，很多体育教师具有较强的责任感，那么他们对学生、对事情也会很认真负责，同样也会搞好教学科研和认真完成各项任务，努力完成自己的分内之事，履行自己的职责和相应的义务，对少部分的体育教师来说，要求有很强的体育教学责任感和意识，这会给他们带来一定的压力和负担。

（3）尊重程度

体育教师不受尊重、重视程度不高、有偏见的情况在中、小学经常发生，高校也有类似的现象存在。部分体育教师认为自己的职业缺乏成就感，原因是长期以来不受重视和外界的评价不高，使之认为体育这一职业缺乏成就感；其次，最重要的一方面压力是体育教师社会地位低，不受尊重。目前这种现象仍然存在并且未能得到有效改善。在其他职业的教师和社会各界的人士长期看来，他们认为体育教师头脑简单，四肢发达，甚至情节更为严重的是学习成绩不好就是体育教师教的，这是对体育教师这一职业的贬低、有偏见和不尊重，同时让部分体育教师与其他职业的教师产生了一种心理落差，感觉比不上别人。与此同时，他们也希望得到社会各界及学校的尊重，得到真正的认同和肯定，增加自己的职业声望和信心，得到同样的待遇和公平的竞争。另外一方面是少部分学生存在不喜欢体育课，害怕上体育课，几乎没有体育锻炼的意识，造成了在体质测试、各项综合考试中没有成绩，最后是在少部分的体育教师里存在每天做自己不喜欢做的事情和工作不被认可的压力。尤为重要的一点就是：体育受到轻视这个观念必须扭转，"什么事情做不好，做不成，就说是体育老师教的"，体育在很多人的心目里，包括社会和家长对体育的认识和地位是不高的，以上这些方面表明了其受尊重程度有待改善和提高，在尊重程度上，同时希望引起社会、教育部门及学校对体育教师这一职业的高度重视和更多关注，并把对他们的关心及理解落到实处。所以我们必须从根本上、从观念上解决对体育，特别是学校体育的看法和价值提升。

二、体育师范生的困境

（一）变革动力缺失

在教师方面，大多数高校以科研成果作为教师职称的评定标准。在这种教师评价机制的长期影响下，高校教师都专注于科研和申请课题，忽略了自己的本职教学工作，在教学上投入的时间少，个别教师甚至让实习生负责代课，使得体育专业人才质量受到严重影响。在学生方面，随着资源共享时代的到来，学生获取知识的渠道越来越广泛，网络上的教学课程和专业资料比比皆是，但容易出现内容质量不高的问题，学生过于依赖网络，会导致课堂参与性较低。教师和学生作为教学的关键主体，具有十分重要的作用。教师和学生态度不积极、主动性差、热情不高，这意味着变革动力缺失，高校教学改革将难以开展。

（二）学校招生体制和培养机制问题突出

随着本科专业的生源扩招，学生的质量有所下降。由于社体专业学生的招收不需要专项技能考核，因此部分地区出现重分数、轻技能，部分学生体弱质差的情况，加之体考没有运动专项，社体专业学生没办法进行运动技能特招。学生体育技能学习能力差，理论课程不想学，直接造成学生能力上的不足。加上学生自身学习意识薄弱，家里长辈的过分溺爱，生活上感受不到的压力，没有上进心，这就导致了学生实用主义思想的产生。学生学习不勤奋，该吸收知识的阶段选择了放松，对于应该在大学里掌握的能力和知识没有掌握，就造成毕业后自身能力不足的现象。就学生而言，一方面需要弥补来自大学之前缺少的能力，另一方面还要学习新的知识。无论是在精力，还是时间方面都无法满足学习需求，这就给学校对社体专业学生能力培养方面带来一定的难度。且学分制下学生只在乎拿到相应的学分，不注重平时的知识积累，到了学期末为了应付考试而被迫复习，造成学生对知识掌握分数不高的情况。学校又没有制定相应的培养检验体系，教学理论运用不到实践中去，学生得不到实践的锻炼，学生实践能力自然得不到提升。

（三）学校师资力量缺失，基础设施缺乏

学校教师资源缺失，一方面原因来自本校学生的扩招，教师数量相对不够用；一方面来自学校招聘制度的不完善，部分院校面临着没有编制空余，新教师进不来，学校不得不花费更大的代价进行课程外包和高价请教师上课。

学校在师资招收方面也面临着人才紧缺的压力，部分地方政府或教育部直接规定学校只招收博士和985、211、双一流学校毕业的拥有硕士学历以上的一级以上的运动员。实际问题是技能水平高的学生考不上研究生，能考上的运动技能水平差，政府和学校又不降低招收师资标准，因此学校就面临着招与不招的矛盾选择。再者学校要面临教育部的评估，教师要完成学校布置的各项任务，忙于学校评估、课程评估等，教师评职称难度越来越大，科研压力、生活压力等将教师几乎所有的精力全部榨干，很少有时间去管理、教育学生。

大学教师要面对来自学校、家庭、自我发展的压力太多。有些大学教师不能把重心放在学生教育上，加上社会发展速度越来越快，有些教师又没有时间出去学习，导致学校的教学跟不上社会发展的速度，造成供需脱节，学生在校期间学

习的知识还没有踏出社会就基本被淘汰了，最后造成学生会的社会不需要，社会需要的学生不会的现象。

伴随着学校的生源扩招，但与之对应的学校基础设施并没有变化。扩招前的场地和扩招后的场地一样，用同样的资源培养更多的学生，学校的可利用资源就相对减少，加之政府要求学校场地对外开放和学校场馆的市场化管理，学生可训练场地和时间压缩，就造成学生的技能方面能力下降。

第三节　高校体育教师人才培养的路径

一、体育教师的培养路径

（一）加强体育教师职业道德培养和人格塑造

汉代思想家扬雄认为，"师者，人之模范也，无德者无以为师"。从古至今，无不强调师德的重要性，合格的教师应德才兼备，"德"字当头。习近平总书记在同北京师范大学师生代表座谈时指出："百年大计，教育为本；教育大计，高校教师为本。"优秀的高校教师不仅具有较高的专业素养和教学能力，而且具有良好的职业道德。高校教师职业道德的高低是影响学生思想道德素养的重要因素，是课程思政能否顺利开展的重要前提。高校教师的一举一动、一言一行直接影响着世界观、人生观、价值观尚未成熟的学生，影响他们的价值判断和价值选择的养成。2011年，教育部、中国教科文卫体工会全国委员会印发了《高等学校教师职业道德规范》，不仅明确了高校教师职业规范，还对师德师风建设和教师师德修养提出了基本要求，对提升高校师德水平起到了关键作用。高校教师资格证培训将《高校教师职业道德修养》作为高师培训的必修课程。新时代，加强高校体育教师职业道德培养和人格塑造，高校和教师应做到如下几方面。

首先，高校要为教师师德培育营造优良的环境。创建教师活动室，让教师可以利用课余时间进行研讨和交流，促进教师自身师德水平的提升，创建对全体教师具有激励和导向性质的口号，并将口号在线上和线下进行宣传，使教师在隐性文化环境中得到思想道德的提升。其次，高校体育教师应自觉提升自己的职业道德修养，树立良好的教育形象，牢记师者使命，潜心教书育人。高校体育教师要德才兼备，业务能力和思想道德都应达到一定的高度。体育教师应尊重自己的身份和职业，以自身为典范去引导每一位学生的成长。另外，高校体育教师应善于挖掘体育中的思想品德教育素材，将体育教育与思想政治教育工作有效融合。例如，有些教师将"女排精神"引入课程中，充分将思想政治教育融入整个体育教育教学中，发扬体育精神，塑造健康人格。最后，要完善高校体育教师专业化职业道德评价体系。学校在充分听取高校教师合理意见的前提下，对将要建立的教师职业道德评价系统进行讨论、修改和宣传，建立一套内容客观合理、指标科学规范、操作简单可行的专业化高校职业道德标准，并根据时间的推移对该评价标准进行升级和改进。综上所述，只有通过高校和体育教师的共同努力，才能够加强体育教师职业道德培养和人格塑造。

（二）建立良好的教学与科研环境

高校应建立以校级、体育主管部门为核心的联动关系，努力构建全方位、立体化的体育教师工作格局。加强体育主管部教学领导人员的配备，建成分工合作明确、协调配合高效率的工作机制。构建高校特色体育教学工程，应以政策保障、工作激励为支撑，把荣誉、评价考核、职称晋升、奖金等结合起来，运用奖励机制来激发高校体育教师的工作信心和思维创新。充分发挥体育资源优势，开发传统体育项目，并进行项目申报，注重体育成果与知识产权管理，提升高校整体的科研水平。

高校应根据自身学校的实际情况，把握教学和科研的比重形成双向发展。首先建立良好的教学与科研环境、科研制度，完善科研管理体系，提升科研管理水平。高校应强化科研管理责任，规范科研负责人的责权，提供科研指导与服务并规范学术行为。其次，科研经费的投入要有制度的保障，各个项目都要具体落实到位，提高科研经费的使用效率，鼓励更多体育教师投身到体育教学和科研领域，形成独特的学术氛围，吸引更多人才到高校，同时有利于高校的发展和增强体育师资队伍，让更多体育教师的才能得到发挥。高校要大力支持和鼓励体育教师学术研究，这不仅能让体育教师自身能力水平得到提升，也有助于学校自身实力的提升。高校应加强教学管理，提升教学能力的同时完善教学考核评价制度，努力创建独特的体育教学模式，提升教学能力水平，体育教师自身要不断地学习、了解国家的体育政策、解读新课程教学目标理念、提高教学设计能力，每学期结束作一个全面总结，在不断的教学总结和反思中提高自己的教学能力水平，倡导建立良好学术风尚、教学科研同步发展、营造风清气正的地方特色高等院校。高校可以每年举行两到三次体育教师教学技能大赛，设立比赛奖金和一定名额，实行多种奖励办法，吸引本校的体育教师积极投身并参与到比赛中来，教师们相互之间的交流和学习，可以形成良好的氛围来缓解体育教师压力。学校要认真贯彻落实学校体育的相关制度，促进学校体育全面发展。

（三）完善各方面的制度

1.完善绩效考核制度

20世纪90年代，我国高等教育从精英化教育向大众化教育转变，自此学校招生规模增加，组织规模扩大，导致组织结构错综复杂，高校趋向于通过健全制度来实现规范化管理。创建一流学科的关键是人才，人才的竞争归根到底依赖于科学合理的制度。教师职业发展的制度涉及多方面，其中教师的聘任制度、职务晋升制度、绩效考核制度是重要的方面。完善学校制度对体育教师职业发展大有裨益。如今高校具有用人的自主权，从教师的招聘、晋升、薪酬分配到辞退等，由高校独立完成。考核也进入量化阶段，量化考核制度，考核办法简便、经济，可以精确得到考核结果。绩效考核主要包括教学和科研的考核，教学涉及教学工作量，与上课时数相关，只要不给体育教师的课程乘系数，基本不存在其他问题，但对于科研部分就有争议。科研量化考核的前提应该是对教师的论文、著作评价准确，能够鉴别高水平论文，将定性评价与定量评价结合，共同区分论文和著作的质量和水平，但若是量化考核本身存在问题，无疑是在鼓励滥竽充数。在科研评价中，著作作为衡量科研工作的量化指标，存在的普遍情况是自费出版，目的是为了评职称以及减少科研压力。有的作为学生教材或参考书，有的被自己收藏，对不同著作的量化分值，一般情况是个人专著分值高于编著、译著的分值，而编著或译著高于科普书、工具书的分值。著作的分值依赖于字数，发表的期刊论文则是要看刊物的等级，学校给不同期刊赋予不同分值，期刊等级越高分值越高。借助期刊论文评价教师科研能力，是简便、客观、有效的，并且具有一定准确性。但值得商榷的是，目前学术期刊制度是否完善，论文的价值有多高；著作是否存在抄袭（有的体育教师一年能出版好几本著作，不得不令人怀疑学术诚信的问题），就算没有抄袭，质量是否过关。在量化过程中，忽视著作的质量，重视数量。著作越多、书越厚、字数越多，越有利于考核。这会打击教师的积极性，减少时间投入，放弃深入研究，更别说精雕细刻。除此之外，就是关于体育教师科研工作量的基本要求，若学校统一科研工作量，体育教师的科研能力确实比不过理工科，若实行多劳多得，又会加大不同学科的收入差距。

那么，能够解决这些问题的，只能是以国家政策作为导向，实施分类考核。只是目前高校的执行力度还不够，在制度落实方面不到位。在积极落实国家政策以外，制定绩效考核时，还得考虑制度的公平、效率、有效性、合法性，这也是制度判断的标准，制度体现为集体的选择，蕴含着教师群体的期望和价值追求，也体现了学校的价值偏好，表达了学校追求的目的与价值。当考核出现不合格时，惩罚就发挥了效力；当考核与奖励联系起来，激励就发挥了作用；当考核与教师发展结合起来，分配就引起了重视；当考核与体育教育发展相一致时，公平就成为追求目标。可见，体育作为众多学科中的一门，在与其他学科对比时，考核要突出公平，而学校重视效率，在效率与公平之间，充分保证体育教师的利益。

2.制定合理的晋升制度

职称晋升主要考察体育教师的科研成果，科研成果在决定高校体育教师晋升过程中所占的比重越来越大，争取发表更多的论文，出版有影响力的专著，成为体育教师不得不考虑的内容。那么，在认定科研成果时，更多地依靠专家或者是同行评价，而不是在和其他学科比价值、比影响力。在职称评审中有的学校也制定了很好的制度，比如 H 大学分组评定（分三个组）就是一项不错的措施，只是 H 大学实际操作中没有坚持每组名额平均分配的原则，所以体育教师会有不满情绪，还有就是缺少一定的门槛，评价体育教师应该具备什么样的科研能力。不是教师出几本书、申请几项专利、获批几项咨询报告，只要总分上去就可以了，就能评上副教授或教授。其实教师们是心知肚明的，你的专著怎么来的、怎么申请专利的、怎么拿到咨询报告的，因为是同事，碍于情面，不好针锋相对。面对这样的情况，应该怎么办呢？当然这就得找学校，学校责无旁贷，学校是制度的制定者、实施者、监督者，若发现有教师投机取巧，是应该要限制或者是修改制度的。制度制定的目的是在学校形成良性竞争的局面，避免出现"劣币逐良币"的现象。

虽然职称晋升难，但只要制度合理，体育教师的逆反情绪也不会太严重。有的高校确实也实行了一些较好的措施，是值得借鉴的，如职称评审分类分组，规定代表性的成果，各学科晋升名额根据所要评定的教师人数平均分配，严厉打击学术造假等。除此之外，还需做到几点，第一，重视局部特征。强调统一性、直接性、管理效率，制度选择主要是基于高校方便自身管理和控制的需要，还要考虑到各专业的特点及相关教师的实际情况。不然，一些体育教师就表现出对制度不满，评价降低。第二，保持制度的稳定性。制度忌讳朝令夕改，频繁更改，教师会无所适从，就失去了执行的意义，并且制度改变也会有成本投入，需要协调组织、征求意见等，这些都会增加组织投入，虽然现行的制度存在缺点，但却是稳定的。同时也说明，在一项制度落地之前，必须要经过严格的程序，有必要聚集各专业专家研究讨论，借鉴同类高校经验，反复修订，多方论证，最终确立相关制度。第三，与国家政策保持一致。2020年7月，国家最新出台《关于深化高等学校教师职称制度改革的指导意见》，提出"推行代表性成果评价"，这很好地解决了高校教师科研成果只重数量、不重质量的问题。

3.完善评价制度

高校的体育主管部门应完善评价内容，体育教师的评价应该充分考虑其特殊性，在岗位任聘、职称晋升、绩效考核等方面，不与其他学科统一评价，应该从体育教学能力水平、训练任务、科研水平、参加竞赛等方面进行综合评价。

评价的体系要客观多样化，评价的原则要从多方面出发去考虑，可以激发更多体育教师工作的积极性和创新活力，缓解因工作负荷量大，教学事务繁多而引发的身体疲惫、心理焦虑、身体透支等身心健康发展问题，体育主管部门的评价应以过程评价和成果评价为主要内容，主要涵盖教学领导人和体育教研室对体育教师在教学、参与课程建设、科研成果等方面进行评价。评价进入体育课堂，对教学目标、教学过程进行评价，评价内容主要是以教学设计、教案、教学方法、教学组织、教学重难点为主的评价，和以学生评价、专家评价、教师自省为辅的多种评价相结合，体现了评价的公平性和多样性。通过评价进行等级分类，并对不同的等级采取相应奖惩措施，推进多种分类评价体系建立，同时突出评价的公平性、合理性，使体育教师对于评价的压力得到一定程度的缓解。

高校的体育主管部门应努力构建形成"教学""科研""训练"三条路线之间的串联，推进分类评价体系。要坚持以学生为主体的原则，分配不同体育教学相关任务，利用强大的体育师资队伍资源形成教学、科研、训练三条路线。第一条，即老年体育教师以教学为主，他们的体育教学经验丰富、知识储备量大、知识深厚、教龄长久，所以就带动更多体育教师去完成教育任务；第二条，即体育教师以训练为主，实现教学与训练双向并进；第三条，以青年、老年、中年体育教师三者之间的相互协作、共同进步为主进行科研，让不同年龄段的体育教师积极投身并参与到科研中来，形成三位一体的体育模式。"教学""科研""训练"之间相互串联，并从中不断总结和反思，推动高校教学科研能力水平的提升。

4.合理运用激励制度

高校普遍采用的激励措施有荣誉激励或精神奖励，如优秀教师、学术带头人等称号，也有物质奖励，如科研奖励，通常以支付金钱的方式进行奖励。体育教师主要致力于教学和科研以及一些与体育相关的赛事活动，制度制定应以激励教师教学、科研，促进教师发展为重点，制度设计应在各学科之间达成均衡。制度设计重视教师的主动性，减少行政干预，激发教学工作和学术活动的创造性，以动机激励模式代替行政监督管理方式，使行政服务于教学、科研，辅助教师完成工作，激发教师创新能力。激励应当对教师的行为产生影响，最好是朝着教师期望的方向发展，当教师认识到激励能够带来直接的和可观的回报时，大多数人会改变行为转而追求这种回报，只要确定改变行为，如认真教学、科研，会带来积极的结果，体育教师会心甘情愿接受变化。制度激励是高校常用的手段，对于重视科研的体育教师，主动争取研究经费，职称晋升和工资提升也是提高绩效的手段，学生评价也被作为体育教师教学态度以及教学能力的标志。当然也存在一些反对的声音，为了主动争取科研经费，教师们主动争取横向课题和纵向课题，许多批判者认为，过分追逐科研经费，导致一些体育教师拉关系、走捷径，这种分神行为不能集中于教学，在利益驱使下，科研追求短平快，重数量轻质量，一味追求创新而缺乏应用价值，易造成学术腐败。当然基于科研拨款方式，国家已经建立基本制度，高校也制定了本校的科研管理制度。这些年对于制度的探讨集中于轻教学重科研、学术的价值与意义、论文发表与基金项目申请的公平性、学术评估的有效性、科研投入与产出的均衡性、激励合理性等。归根到底，激励制度本身没有什么不妥，主要在于学校的评审程序是否严格。

常用的激励手段有两类，一类称为"胡萝卜"，一类称为"大棒"。"胡萝卜"和"大棒"都能诱发教师改变行为。"胡萝卜"和"大棒"都是激励人的潜能，发挥人的最大能力的激励手段。在组织管理中，常运用此方法来激发员工的工作水平。"胡萝卜"措施提倡奖赏，古人云："赏罚若明，其计必成"，想要别人按照你的意愿行事，就给予他们期望的，奖励他们想要获得的。有的体育教师重视名誉、头衔，有的向往权力地位，有的在意薪资报酬，有的追求学术造诣等，从教师的角度考虑，就会使教师队伍充满活力和生命力。要使激励发挥作用，奖励一定要有度，应该能够使人"心动"，激发人们的欲望，所谓重金之下必有勇夫，只要奖励够多，不怕没人做事。目前学校的奖励多是蜻蜓点水，不能激发教师工作热情。比如有的学校对于优秀教师奖励 3000 元，这种奖励实行了十年都没有变化，十年前高校体育教师的工资普遍三四千元的时候，对教师还有激励作用，十年后教师工资普遍七八千元了，还是这样数额的奖励，发挥的作用就有限了。奖励有度，不光有下限也应有上限。有的学校，设置了很高的奖金，比如某大学奖励 10 万元，到最后发现没有一个体育教师能拿到这样的奖金，设置奖金的本意是激励教师学术科研，如果都不能获得，就失去了激励意义。严格实施奖励制度，不合理的奖励，一分也不多给。比如有的高校对专利进行奖励，针对专利，有教师爆出 5000 元就能够购买一个专利，无疑对专利奖励产生了负面影响，这种作为是在变相套取学校奖金，如果缺少制约，就会出现弄虚作假，通过购买专利获取利益的现象。"胡萝卜"措施从满足教师需求的角度，解决教师的薪资、职称、培训等问题。"大棒"措施是以惩罚的手段诱使人们改变行为，对于员工常用的手段就是降级、降薪、末位淘汰，对于教师常用的手段就是绩效考核不合格扣罚绩效工资，在教学工作中迟到、早退给予一定的处罚。通过"大棒"措施鞭策鼓励进步，给员工施加压力，杜绝养尊处优，安于现状，从而通过此措施提高效率。有学者是支持此措施的，他们认为有压力才会有动力。也有人认为大学体育教师属于高级知识分子，素质很高，能够尽心竭力地工作，不需要施加太多压力，压力太大反而引起恐慌，所以提倡绩效考核尽量少用"大棒"。这种观点是将体育教师进行了完美假设，体育教师学历高、专业水平一流、师德高尚，认为不需要惩罚制度，只需激励措施就能促使教师积极工作。这种只奖励不惩罚，只激励不约束，显然对大多数教师是有用的，但是体育教师队伍中难免会有一些工作懒散、不思进取的教师，甚至有一些违背师德规范的教师。对于这样的教师惩罚制度必不可少。激励制度在于鼓励体育教师在没有高校命令的时候从事行动，以学校发展为中心。激励制度被提倡在于其与行政命令有明显的区别，它不是命令教师应该做什么、怎么做，而是以教师可接受的方式，避免特定的限制，主动改变行为。体育教师工作更倾向于自我驱动型，对于教师更多的是激励而不是命令或者惩罚，当然在特殊时期、特殊情况，"大棒"政策也是可以派上用场的。

激励制度应该明白高校优先考虑的事项，学校可以通过改变规则或激励机制引导教师的行为符合学校要求。学校发展不仅涉及短期目标，还有长期目标，激励制度主要考虑最需要的优先事项，更多的是短期目标，比如科研产出。学校通过制定激励制度来提高教师之间的竞争，相互竞争能够提高效率，表现优秀的体育教师就能够等到奖励。竞争有益学校革新，提高学校办学质量。激励制度能够增加教师之间的竞争性，但反对过度竞争，过度竞争容易降低教师忠诚度，教师忠诚度降低，教师流动增加，学校的稳定就被打破，失去稳定性换来过度竞争，这当然是不可取的。少数教师的流动，能够提高不同院校的教学质量，教师流动加剧，年年更换教师，学校也难以维持稳定。体育教师也需要一个稳定的环境，才能安心工作，稳定地工作，教师的自由度也增加，更易实现学术自由。目前，新规也提倡教师长聘，与终身制相比更能增加体育教师的成就动机，只有在教师玩忽职守、缺乏胜任力、违反师德或重大错误时才会被解雇，一般情况下不会解除合同关系，终身制也并不是没有优点，这项制度可以充分保证学术自由，有的教师可以做深入的研究，而不用担心失业。高校体育教师的发展依赖学校，学校的激励方式左右着教师的前进方向，在这样的情况下，教师跟进学校的步伐，与学校的发展保持一致，如果与自身的需求、优势和职责结合起来，更利于将来发展。

5.完善薪酬制度

马斯洛将人的需要分为逐级递升的五个层次：生存需要——安全需要——社会需要——尊重需要——自我实现需要，其中生存是最基本的需要，人只有在满足生存这一最基本的需要以后，才会去追求更高层次的需要。当教师还在为柴米油盐酱醋茶烦扰的时候，此时工资就成为教师们最基本最关心的问题，那么采用物质激励调动体育教师积极性，才是有效的方法。只有当体育教师不再为生活困扰时，管理制度才能充分保证发挥教师的才能，获得自己希望的成就。管理的主要任务在于为挖掘人的智力创造条件，如工作条件、工作环境等，为自我实现铺平道路。依靠内在激励，鼓励员工增长知识，增加才干，充分发挥潜力，满足人们自尊和自我实现的需要。所以，体育教师每一个阶段，追求是不一样的，不同类型、不同时期对薪酬的要求也是不一样的。

（四）建立在职培训系统

体育教师专业化是以完善、规范的体育教师教育体系为前提的。然而，我国体育教师教育主要是由被割裂的职前教育和在职教育培养系统所构成。职前教育系统主要由各体育学院或各高校的体育专业承担。在职的培训系统主要由学校继续教育机构和省级在职培训会议承担。随着教育改革的不断深入，社会对高校教师专业化水平要求越来越高，高等学校应重视教师在职教育，建立教师培训长效机制，为高校教师的专业成长提供良好的平台。一是采取多种途径，对高校体育教师进行分层、分类、分岗培训，积极营造良好的发展环境。在培训内容设置上，专业知识和专业技能方面要时刻更新，要注重紧跟时代步伐，增加受大学生欢迎的现代时尚体育项目，丰富高校体育教师运动基础知识和技能。要从教学、科研、管理、服务等多方面对高校体育教师进行培训，把思想政治内容贯穿到整个培训中，营造良好的学习和工作氛围，让教师相互理解、相互信任、相互学习，让教师在工作中有归属感。二是制定合理有效的制度体系，包括严格的教师培训管理制度、教师培训经费保障长效机制、教师培训激励制度等。在物质、制度和管理上要以人为本，让高校体育教师得到关怀和尊重。三是加强高校体育教师心理服务类培训，高校体育教师普遍工作强度较大，在上课过程当中需要做示范动作、组织学生练习等，往往要承受一定的身体负荷强度，长期的身体负荷强度很容易转变为心理负担，产生职业倦怠，如果这种负担不能及时宣泄就容易导致一些心理疾病。高校应在在职培训上提供高校体育教师职业压力的相应服务，可以聘请社区医院、心理咨询机构的专家学者为高校体育教师开展关于心理方面的讲座活动，提供有关挫折应对教育、人际沟通交往等方面的讲座内容，促进高校体育教师与学生和社会的沟通能力，让体育教师的教学过程更加轻松，使得体育教师能够良好地兼顾自己的生活与工作，这样将会大大缓解高校体育教师的心理压力。综上所述，高校要完善体育教师在职培训系统，为高校体育教师打造终身学习平台，实现一体化的高校体育教师教育体系。

（五）做好职业规划

当代体育教师应该对自己的职业发展有长远规划，确定以后的发展方向及将来的生活，是继续深造学历、出国留学深造还是职称晋升，这些都应该有个明确目标，高校的体育教师通过参加进修培训、社会实践和学术交流等活动，不仅可以提升自己的专业素养，同时对于基础知识能力、教学实践能力、组织管理能力、创新能力和学习能力以及自我认知和价值取向方面也会有一定的提升。对于工作和生活中的点点滴滴，始终保持积极乐观、笑对生活的心态去面对，试想，如果没有压力，哪里来的动力，应当尽量把消极压力努力转化为积极压力。笑对生活中的每一件事情、每一个人，努力让自己成为一名精专业、懂教学、德行修养好、业务水平高、充满活力且年轻有为的当代体育教师，让自身的文化素养得到提升的同时，也促进自身职业的发展。

当代的体育教师应树立爱岗敬业和奉献精神。教育部门可以组织开展相关各类教育培训、压力心理辅导、拓展训练等，高校的体育教师是学校发展不可缺少的关键部分，自身应树立爱岗敬业精神，积极投身到自己的岗位中去，把对体育理解和认识上升到新的高度，努力提倡"健康第一"的思想观念。以体育活动为中心，教育主管部门可以开展不同类型的压力管理教育活动，这对体育教师职业和身心健康发展有很大的促进作用，通过压力疏导、情绪管理、心理咨询、婚姻解读等，建立多样化防御机制，形成思想教育和实践活动下的职业压力疏解主动策略，使高校体育教师的压力得到缓解，消除身心烦恼、心理焦虑、身体透支等一系列压力问题，把体育教师身心健康发展问题放到重要的位置上去。

（六）人际沟通方面

1.增多交流途径

在高校体育教师人才的培养过程中，应当促进教师之间的经验交流和心得分享，实现教师之间的优势互补。首先，高校应当促进内部教师之间的互动与交流，为体育教师的沟通与交流创造平台和契机，促进教师之间知识与经验的分享与传播，集思广益，实现思维的碰撞和知识的创新，让教师在彼此交流与相互分享中有所收获和提升，进一步丰富专业知识与技能的储备，提升教学质量和水平，实现自我完善与发展。除此之外，还应当促进体育教师与外界的交流与互动，实现信息的传递，促进学术交流的开展，为教师的科学研讨提供资金与条件，积极促进教师参加相关的专业性研讨会，及时更新教师的专业知识和资讯信息，学习他人先进的教学方式与手段，借鉴他人优秀的经验，有效地促进本校教师知识面的延伸，开阔教师的视野，最大化地提升教师的专业水平和素养。在此基础上，信息技术广泛地运用在教学活动中，体育教师也应当与时俱进，积极利用网络媒介来实现专业信息的获取与收集，利用博客、论坛等途径与教育专家以及同行展开深度的联系与交流，实现共同进步与发展，提升自身的专业素养。

2.建立和谐的人际关系

良好的同事关系、友好师生关系对学校的全面发展有很大的促进作用。体育教师之间应该相互尊重，对自己要有客观正确的评价，教师与教师之间、学生与学生之间、学生与教师之间都需要建立一种平等的关系，学会相互理解包容，才能把关系发展得越来越好，多沟通交流，增进相互之间的情感，这样有利于自己职业发展的同时也提升了自己的人脉关系和广泛的朋友圈。对待学生要以人人平等、公平公正的态度，不能因为个别学生的运动能力、学习成绩有差异而采取区别对待原则，而更应该帮助、鼓励他们，让他们感觉体育教师是在帮助自己完成目标，享受体育带来的精彩和魅力。应尊重学生的个性差异，进行因材施教，学习、掌握和运用现代教育教学理论，并将理论联系实际。课后学生的反馈、相互交流有助于体育教师教学不断改进、完善和提高，在不断交往和互动中增进师生感情，增进友好关系，同时缓解体育教师对于师生关系的压力，受到更多学生的喜欢和认可，建立良好和谐的师生关系。

要积极倡导同事之间的交流合作，共同进步。利用国家一些法定节假日定期开展社会实践活动和体育休闲活动，如登山、骑行、定向越野、马拉松、高尔夫、野外春游、户外拓展训练等，这些体育活动深受教师喜欢，省教育部门应支持、鼓励，并组织实施开展，给予相应的活动经费，让更多的体育教师积极参与到这些活动中来，转变体育教师的生活方式，陶冶情操、开阔胸怀，体验大家在一起开心交流、畅谈的感觉和通过团队相互合作拼尽全力赢下比赛的成就感，在活动中抛开所有烦恼、杂念去享受比赛，并通过这些活动享受乐趣、改善身心健康、丰富体育教师的业余生活，并传递体育精神。

高校之间应加强学校与学校、不同支部之间的交流学习，联合开展多所高校体育教师交流学习大会，通过交流学习增进情感、相互帮助，一起讨论教学科研、评价考核、职业发展等一系列问题，把体育正能量传递给身边的每一个人，从而提高社会对体育教师的认可、支持和肯定，提高社会对体育的支持度和尊重，建立友好和谐的人际关系，让体育教师来自各方面的压力得到缓解。

3.提升体育教师福利待遇

教育部门和各相关体育主管部门应高度重视高校的体育发展，构建学校体育保障体系机制，加大学校体育经费的投入，并将体育经费纳入学校经费开支预算。体育主管部门的相关负责人要把各项体育经费公开透明，使学校体育与学校教育事业同步发展，学校体育的保障体系机制可以促使高校体育教师的各项权利得到基本保障和满足，这样体育教师的生活质量也会有所改善。在制度保障的前提下，职业压力才会相对有所缓解，良好的环境才能激发体育教师的积极性和工作热情，物质和精神的保障是学校体育教师职业健康发展的基础。

教育部门要充分发挥主导作用，创建体育教师继续教育的管理制度，通过相应模式和一定渠道来增加体育教师继续学习教育，举办体育学科学术研讨会，为体育教师发展提供更多平台帮助。关于体育教师的工资收入和福利待遇保障，是每个体育教师真正关心的问题，教育部门对这一问题应该深切关心和高度重视。

教育主管部门应根据国家相关政策规定，要求学校体育主管部门对高校的体育教师开展多种类型的表彰奖励，把体育的相关政策具体落实到位。在国家政策引导的前提下，高校的体育主管部门应加强高校体育教师的师资队伍建设和体育人才培养储备，相对提高体育教师工资福利保障。在处理非教学事务中，尽量取减少各种烦琐事情和其他工作，加大教学及相关人员的配备，保证体育师资队伍安心于教学和科研工作。

二、体育教学专业的学生培养路径

（一）高度契合新时代学校体育工作要求

中共中央办公厅、国务院办公厅印发了《关于全面加强和改进新时代学校体育工作的意见》，明确在今后的一段时间内一定要把学校体育工作摆在更加突出位置，提出了学校体育今后发展的总体要求，从不断深化教学改革、全面改善办学条件、积极完善评价机制和切实加强组织保障四个方面进行了全面规划。这项政策文件的颁布，充分说明在新时代中国逐步进入社会主义现代化的进程中，国家高度重视学校体育的发展。文件中多处强调体育教师队伍建设的重要性，并对体育教师的工作提出了一系列要求，这就要求高校培养的体育教师必须紧跟体育教育时代发展步伐，从知识学习型向实践教育型人才转型，不断提升自身学校体育工作的综合能力，特别在体育职业能力的提高上要足够重视，以满足新时代学校体育工作的要求。高校是未来体育教师培养的摇篮，对于高校体育教育专业学生职业能力的提高，必须紧跟时代发展需求，在培养目标、培养方案、课程设置上与新时代的学校体育工作要求高度契合，为体育教育专业学生职业能力提高提供更多的机会和平台，精心设计出体育教育专业学生职业能力提高的具体操作方案，并具体落实以适应全民族复兴的需要。

（二）科学设置培养目标和专业定位

高校体育教育专业培养目标和专业定位是一所高校专业建设的顶层设计，能否科学地预设直接决定了人才培养的质量。高校体育教育专业培养目标和专业定位的设置应与时俱进，专业的主管领导要主动学习接触最新的教育理念和教育理论体系，及时补充新思想、新观念。紧跟新时代国家对人才培养以及基础教育对学校体育工作的新要求，结合自身高校体育教育专业发展的实际情况，不断调整和完善专业培养目标和专业定位。联系新时代学校体育工作的发展趋势，在专业培养目标表述上增加关于体育专业职业能力方面发展要求的内容，通过这些内容的增设以便于指导体育教育专业培养方案的制定，以及在后续的课程体系设置中增加体育专业职业能力方面训练的课程，能够做到有据可依，这样才有可能充分提升高校体育教育专业大学生职业能力水平。

（三）完善职业能力课程体系

提高职业能力发展的课程内容设置，既要考虑到新时代教育改革发展需要，又要为高校体育教育专业学生未来发展提供职业能力不断提升的理论与实践指导。在强化大学生对自身专业职业方向的探索和认知，让学生逐渐熟悉体育教师职业要求的同时，又要注意熏陶学生养成在体育实践教学中不断发现问题、解决问题的思维习惯，提高问题意识，从而有意识、主动地提升自身学校体育工作的职业能力。在高校体育教育专业培养方案的指导下，增加体育专业职业能力方面训练的课程，通过专业必修课、方向选修课、实践训练课等有计划地整体规划高校体育教育专业职业能力提升的课程体系。整个课程设计以新时代基础教育对体育教师提出的工作要求为框架，从社会能力、专业能力和方法能力三方面整体谋划，能力培养贯彻每一节专业课程教学的全过程，通过专业必修课、方向选修课的职业能力课程训练提升学生的专业能力，通过实践训练课中的职业能力课程训练提升学生的社会能力和方法能力。

（四）搭建技能实训提升平台

要为高校体育教育专业学生搭建多项技能实训平台，以提升学生未来工作的职业能力。建成具有全面提升学生体育教学能力的实训教室；加强校内运动训练带队体制，鼓励体育教育专业学生到其他专业做各种项目运动队的教练；让学生参加不同层次、各种类型、众多项目竞赛的组织编排工作，并在竞赛中担任裁判工作；组织学生参加高校举办的学术论文报告会、学术讲座；组织学生参加学校、社会各项公益活动，在实践中锻炼能力；与教育主管部门、中小学学校联系，组织学生参加观摩各级中小学体育教师技能大赛、体育优质课展示、教学能手竞赛等活动；组织学生申报市厅级课题、相关校内教学研究课题、创新创业大赛；通过科学规划设计，与教育实习学校密切联系，让学生走进中小学校园参加见习、研习、实习，从而全面提升高校体育专业大学生学校体育工作的职业能力。

（五）采取分类分层培养人才的方式

当今，大类培养是总体趋势，这就要求高校完善课程体系，从而夯实学生基础知识，拓宽学生视野，为学生提供更开放的个性空间。各大高校应该制定切实可行的短中期阶段目标，在人才培养方案中考虑设置学期或学年目标，同时确立"学科专业教育与教师专业教育"相结合、"专业知识与人文素养"相结合、"教育理论学习与教育实践"相结合的原则，把控好课程与教学质量，并考虑到每个阶段的特殊性，加强课程短中期考核，全面提高学生的专业思想、学习能力及技术的操作能力。此外，针对体育教学专业学生的特点，实施个性化课程方案定制，可推行大类招生，大二、大三时对学生实行分类、分层次培养，进而改善体育教育专业人才的生源质量，注重人才培养中的精英培养与大众化教育的比重，合理安排课程结构，帮助学生找准自己的乐趣与未来发展道路。

（六）强化实践教学，保证实习效果

实践教学应当拥有前瞻性、科学性、验证性、设计性和探究性，可从体育教师的专业性特点和专业能力形成特点出发，以"效率提升"为标志对体育教育专业人才培养方案中的实践教学环节进行强化，大力设计并开发见习与实习活动，包括实习准备，除常规教学技能模拟外，重点安排"校外专家进课堂""系列优秀体育教师示范课"等内容，并且鼓励学生在中小学进行多次教育实习，在增加实习时间的同时，对教育实习进行督查与监控，特别是关注教育实习效果的评价，加强辅导员的管理水平与责任，多方面综合联动，共同推动高校体育教育专业人才培养向更高台阶前进。

（七）建成高素质、高水平师资队伍

高校体育教师需要从学生的角度思考问题，发扬激情奉献的精神，进一步巩固专业思想及其教学技巧，设法获得学生喜爱，双管齐下。高校应对现有的师资队伍进行不定期的专业培训与考核，加大对师资培养的经费投入，加强教师各个方面的责任心。另外，鉴于学生与教师之间的互动与相互激发很重要，可以设置教师班主任或本科全程导师制，全面了解学生的学习生活及未来职业规划情况，强化教师品德修养，用全局眼光及博学高尚之心引导学生成长成才，用良知与学生互动，对于不爱学习的学生，通过增强自我反思意识促进教师专业发展，并且对学科功能理解与定位有一个清晰、科学的思路，激发学生在学习上的主动积极性，同时培养教师骨干力量并成立教学小组带动其他教师，进一步加快对师资队伍新型高层次人才的引进。总而言之，高校必须对教师的综合素质能力进行多方面的培养和提高，树立终身教育与终身学习的理念，逐步建成一支高素质、专业化、创新型的教师人才队伍。

（八）提高职业能力认知水平

在工作和学习中，每个人对每件事元认知水平的高低直接决定了这项工作任务完成质量的好坏。所以高校体育教育专业要强调所有大学生从自身观念上进行积极调整，充分重视并理解体育教育的职业能力对新时代体育教师的重要性。首先从提高元认知水平入手，推动高校体育教育专业大学生职业能力的提升，通过聘请有经验、有成果的中小学体育教师多与学生交流，做相关专业能力提升重要性的讲座；同时在高校体育教育专业的入学教育中，要对体育教育职业能力的社会能力、专业能力、方法能力三个方面十五个二级指标体系进行全方位的宣传与解读，让学生能够理解和知晓什么是体育教育的职业能力，以便于在今后的学习与训练中做到有的放矢；另外，在高校体育教育专业的培养过程中加强良好职业能力学练氛围的营造，给体育教育专业学生提供较好的成长环境。

（九）完善职业能力评价体系

高校体育师范生对大学生职业能力培养要建立科学的考评体系，这是提高体育师范生职业能力重要手段和方法之一，对于提高师范生职业能力有着重大的意义。考核体系的主体要多元化，包括能力培养的实训教师、班主任、学生自己、同学等；考核内容要全方位，要包括体育教育专业高校的大学生社会能力、专业能力、方法能力三个方面十五个二级指标体系，并科学地设置各指标的权重，在评价时要做到定量与定性评价相结合；考核的方式要多元化，采用形成性评价和总结性评价等多种评价方式相结合的形式，关注学生职业能力的提升幅度和每一名学生的特点。另一方面，要建立相应的监督机制，坚持考核的结果透明度，尽一切可能保证公开、公正，同时，将考核的结果与学生的课程成绩、奖学金评定、优秀毕业生评定等相挂钩，并给职业能力优秀的学生提供更多参加就业展示的机会，从而有效推进高校体育师范生职业能力的提升。

（十）推动国内外交流与合作

我国仅有少数院校开设全英文体育专业课程。高校建设高水平国际化课程，对我国体育专业的人才培养具有重要推动作用。高校加强国际院校间的合作，可借鉴国外优秀经验，结合自身具体情况，深化课程建设，提高学生的综合素质，推动我国高校培养的体育专业人才走向国际，充分展现我国体育优秀人才的风采。如今网络较为发达，高校可组织学生参加各种体育国际会议增长见识，了解国外体育人才培养新动态。同时，高校要注重学生英语口语的培养，不能仅仅局限于日常考试，有条件的高校可以适当增加学生国外交流学习名额，加强与国外高校的交流和合作，培养具有国际视野的体育人才。

参考文献

[1] 王佳茵.高校体育教学信息化建设与管理的实施策略研究 [J].教育理论与实践，2020，40（06）：62-64.

[2] 李晓琨，赵西堂，高峰.我国高校体育教学绩效评价研究述评 [J].南京体育学院学报，2019，2（09）：63-74.

[3] 李超.高校体育教学引入翻转课堂模式实践价值及策略 [J].智库时代，2019（40）：188，190.

[4] 李红.思政教育在高校体育教学中的实践研究 [J].教育现代化，2019，6（75）：192-194.

[5] 朱艳.思想政治教育融入高校体育教学的路径探析 [J].科技资讯，2019，17（11）：213，215.

[6] 李春峰.高校体育教学中大学生思政教育分析 [J].学周刊，2019（09）：9.

[7] 赵伟科，王志强.高校体育教师教学能力评价指标体系的建构 [J].体育研究与教育，2018，33（06）：69-74.

[8] 程瑞辉，刘刚.基于人才培养的高校体育教学模式改革 [J].继续教育研究，2018（08）：117-123.

[9] 许奋奋.地方本科院校卓越体育教师人才培养的探索——以莆田学院为例 [J].莆田学院学报，2017，24（04）：104-108.

[10] 王艳飞.翻转课堂在高校体育舞蹈教学中的应用研究 [D].新乡：河南师范大学，2017.

[11] 刘洋.高校体育翻转课堂教学的实施困境与对策 [J].体育科技文献通报，2017，25（01）：25，150.

[12] 刘海军，王锦.基于"翻转课堂"的高校体育教学模式构建研究 [J].四

川体育科学，2015，34（05）：130-134.

[13] 刘海军．高校体育教学"翻转课堂"模式构建研究[J].吉林体育学院学报，2015，31（03）：72-76.

[14] 薛飞娟．高校体育教学中微课程设计研究[D].吉首：吉首大学，2015.

[15] 王兰英．济南市民办高校体育教学存在问题与发展研究[D].济南：山东师范大学，2015.

[16] 李悄．教师资格证全国统考背景下体育教育专业人才培养模式的改革[D].长沙：湖南师范大学，2015.

[17] 闫炳才．高校体育教学中构建自主学习模式研究[D].济南：山东体育学院，2015.

[18] 陈永存，陈洪光．青年体育教师发展的新取向[J].运动，2014（14）：100-101.

[19] 马金凤．我国高校体育教学改革探讨[J].山东体育学院学报，2014，30（02）：105-109.

[20] 李春荣，王彦成，胡永南，李春生．构建普通高校体育理论课程教学体系的研究[J].北京体育大学学报，2014，37（02）：96-101，106.

[21] 李欣悦．我国高校体育"课内外一体化"教学模式研究综述[J].南京体育学院学报（自然科学版），2013，12（05）：102-105.

[22] 任飞．新背景下高校体育教师人才培养路径研究[J].中国科教创新导刊，2013（29）：185.

[23] 童宇飞．高校体育教学中学生人文精神培养之研究[D].重庆：西南大学，2013.

[24] 舒刚民．我国高校体育教学改革的影响因素及其发展对策研究[J].玉林师范学院学报，2013，34（02）：88-95.

[25] 崔艳艳．我国普通高校体育教学环境研究[D].石家庄：河北师范大学，2012.

[26] 黄敏，陈英军，李亚莉．人性化视野下高校体育教学改革的现状与展望[J].体育学刊，2011，18（05）：78-81.

[27] 孙平．浅谈体育教师人才培养与师资队伍建设[J].黑龙江科技信息，2009（33）：214+117.

[28] 王家宏．21世纪体育教育人才培养的研究[M].北京：北京体育大学出版

社，2007.

[29] 勾凤云 . 普通高校体育教学现状调查分析与发展对策研究 [D]. 呼和浩特：内蒙古师范大学，2006.

[30] 郑汉山，王志明 . 体育教师职业新特征与体育院系人才培养对策 [J]. 体育师友，2002（06）：48-49.